Pferdezeit

Was ich in 40 Jahren von ihnen lernen durfte

Vom Reitabzeichen zur Achtsamkeit – wie Pferde mein Denken veränderten

Von Manuela Weichselbaumer

Für Caparo, mein Seelenpferd.

Mit all seinen Ecken und Kanten – und dieser tiefen Sanftmut,
die Menschenherzen berührt.

Er hat mich gelehrt, wirklich zuzuhören.

Als treuer Partner in der Reittherapie schenkt er Kindern Mut,
Vertrauen und neue Wege ins Leben.

Ein wahres Geschenk – für mich und für so viele.

Impressum:

Manuela Weichselbaumer

© 2025 Manuela Weichselbaumer
Selbstverlag

Covergestaltung: Manuela Weichselbaumer
Lektorat: Lara Weichselbaumer
Satz & Layout: Manuela Weichselbaumer
Fotos: Manuela Weichselbaumer, Sarah Weineck
Gestaltung: Manuela Weichselbaumer

Verlag: BoD · Books on Demand GmbH, Überseering 33, 22297 Hamburg,
bod@bod.de
Druck: Libri Plureos GmbH, Friedensallee 273, 22763 Hamburg

Bibliografische Information der Deutschen Nationalbibliothek: Die Deutsche Nationalbibliothek verzeichnet diese Publikation in der Deutschen Nationalbibliografie; detail-
lierte bibliografische Daten sind im Internet über dnb.dnb.de abrufbar.

ISBN: 978-3-7693-5190-3
1. Auflage, 2025

Inhaltsverzeichnis

Prolog

Ein Leben mit Pferden – eine Reise voller Wandel

> *„Es gibt keinen Weg zum Pferd – der Weg ist das Pferd."*
> – Unbekannt

Ich konnte an nichts anderes mehr denken. Reiten. Wirklich reiten. Nicht nur ab und zu mal auf einem Pony sitzen, sondern verstehen, fühlen, eins werden mit dem Pferd. Doch so sehr ich meine Eltern auch anbettelte – es blieb lange nur ein Traum.

Jahre vergingen. Meine Sehnsucht wuchs. Jedes Pferd, das ich sah, zog mich magisch an. Ich spürte, dass sie mehr waren als bloße Reittiere – sie hatten eine Seele, eine Sprache, eine Welt, die ich unbedingt entdecken wollte.

Erst mit zwölf Jahren war es endlich so weit. Endlich durfte ich reiten lernen.

Was damals wie die Erfüllung eines Mädchentraums begann, wurde zur prägendsten Reise meines Lebens. Eine Reise voller Glücks-momente, Herausforderungen, Rückschläge und tiefer Erkenntnisse. Und eine Reise, die mich bis heute lehrt, wie vielschichtig die Verbindung zwischen Mensch und Pferd wirklich ist.

Ich habe gelernt, dass Reiten weit mehr ist als im Sattel zu sitzen. Es ist Kommunikation, Vertrauen, Respekt – und eine ständige Entwicklung. Auch mein eigenes Verständnis von Pferdeausbildung, Beziehung und Verantwortung hat sich im Laufe der Jahrzehnte stark verändert.

In diesem Buch nehme ich dich mit auf eine persönliche Rückschau. Ich erzähle dir von den Höhen und Tiefen, den alten Traditionen, den neuen Wegen – und davon, was sich in der Pferdewelt verändern darf.

Warum ich das alles mit dir teile?

Weil ich glaube, dass wir voneinander lernen können. Weil ich zeigen möchte, wie sehr sich Mensch und Pferd weiterentwickeln können – wenn wir bereit sind, hinzusehen, hinzuspüren und wirklich zuzuhören.

Wenn du bereit bist, tiefer in diese Welt einzutauchen, dann begleite mich auf dieser Reise. Lass uns gemeinsam entdecken, wie viel mehr möglich ist – für unsere Pferde und für uns selbst.

Kapitel 1

Wenn Träume galoppieren lernen

*„Jede große Reise beginnt mit dem ersten Schritt.
Oder in meinem Fall – mit einem Haflinger und einem galoppierenden Herzen.“*
– M.W.

Endlich war es so weit – meine erste richtige Reitstunde. In unserem Urlaub in den österreichischen Bergen durfte ich zum ersten Mal nicht nur auf einem Pony herumgeführt werden, sondern wirklich reiten.

Als wir den Stall betraten, schlug mein Herz schneller. Der Geruch von Heu und Pferden lag in der Luft, das leise Schnauben der Tiere und das rhythmische Klappern der Hufe auf dem Hallenboden machten die Atmosphäre perfekt. Es war genau so, wie ich es mir immer vorgestellt hatte.

Ich erzählte stolz, dass ich schon einige Male beim Ponyreiten gewesen war – für mich ein klarer Beweis, dass ich bereit für die nächste Stufe war. Ohne viel Diskussion wurde ich direkt einer Reitstunde ohne Longe zugeteilt. Das klang in meinen Ohren großartig, schließlich wollte ich ja *richtig* reiten.

Mein Pferd für die Stunde war ein Haflinger mit goldenem Fell und ruhigen, braunen Augen. Er wirkte freundlich und gelassen, was meine Aufregung ein wenig dämpfte. Mit etwas Hilfe saß ich kurze Zeit später im Sattel und konnte es kaum erwarten, loszulegen.

Zunächst ritten wir im Schritt hintereinander her. Es fühlte sich großartig an, endlich nicht nur Zuschauerin zu sein, sondern selbst zu spüren, wie sich das Pferd unter mir bewegte. Doch dann kam die Anweisung der Reitlehrerin: „Jeder reitet eine Runde im Trab."

Mein Magen zog sich zusammen. Ich hatte noch nie allein getrabt. Trotzdem wollte ich mich der Herausforderung stellen. Als ich an der Reihe war, drückte ich vorsichtig meine Beine an den Pferdebauch – keine Reaktion. „Klopf mit den Beinen!", rief die Reitlehrerin. Es fühlte sich nicht richtig an, aber ich versuchte es. Nichts.

Plötzlich hörte ich schnelle Schritte hinter mir. Die Reitlehrerin kam auf uns zu – und im selben Moment sprang der Haflinger erschrocken nach vorne. Ohne Vorwarnung fiel er in einen schnellen Galopp, machte ein paar Bocksprünge – und ich saß mittendrin.

Mein Herz raste, meine Hände krampften sich um die Zügel, und ich versuchte, irgendwie oben zu bleiben. Ich wusste nicht, ob ich schreien oder einfach loslassen sollte.

Dann, fast automatisch, versuchte ich mich zu sammeln. Ich nahm die Zügel etwas auf, versuchte tief durchzuatmen und mit ruhiger Stimme auf das Pferd einzuwirken. Langsam wurde das Tempo weniger hektisch, erst fiel der Galopp in einen Trab, dann in den Schritt. Und plötzlich stand ich still – **immer noch im Sattel.**

Ich konnte kaum glauben, dass ich das geschafft hatte. Die Angst, die mich eben noch fest im Griff hatte, wurde von Erleichterung und einem gewissen Stolz abgelöst. Ich hatte mich gehalten. Ich hatte es geschafft, mein Pferd wieder unter Kontrolle zu bringen.

Doch als ich meinen Eltern von meinem Erlebnis erzählte, schlug mir nicht nur Begeisterung entgegen – sondern auch Besorgnis. Mir wurde klar, dass das Ganze wohl deutlich riskanter war, als ich es in dem Moment empfunden hatte.

Doch für mich stand fest: Ich wollte reiten lernen. Richtig. Sicher. Mit echtem Verständnis für das Pferd.

Meine Eltern davon zu überzeugen, würde sicher nicht leicht werden – aber dieser erste Ritt hatte etwas in mir ausgelöst, das nicht mehr so leicht zu stoppen war.

 Fazit

Manchmal beginnt ein großer Traum nicht mit einem perfekten Moment, sondern mit einem wilden Galopp, einem klopfenden Herzen – und dem festen Entschluss, nicht aufzugeben.
Diese erste Reitstunde hat mir mehr beigebracht als jede Theorie: Mut wächst aus dem Vertrauen in sich selbst.
Und manchmal genügt genau dieser eine Moment, um ein Leben lang für etwas zu brennen.

 Mein Lernmoment aus dieser ersten Stunde

- Verbindung entsteht nicht durch Technik, sondern durch Zuhören – auch wenn das Pferd laut wird.
- Und Mut zeigt sich manchmal darin, einfach weiter im Sattel zu bleiben – und sich selbst nicht aufzugeben.

Ich wusste: Das war erst der Anfang.

Aber wie sollte es weitergehen, wenn der eigene Wille größer ist als das elterliche Verständnis – und die nächste Reitschule eine kleine Weltreise entfernt scheint?

Ich hatte keine Ahnung, wie viel ich auf mich nehmen würde, um meinen Traum weiterzureiten...

Kapitel 2

Mit drei Bussen zum Glück

„Wer wirklich will, findet Wege. Wer nicht will, findet Ausreden."
– Sprichwort

Zurück aus dem Urlaub war mein Entschluss gefasst: Ich wollte reiten lernen. Nicht nur irgendwie, sondern richtig! Zum Glück hatte ich meinen Vater überzeugt, mich dabei zu unterstützen, und so begannen wir, nach einer geeigneten Reitschule zu suchen. Die Wahl fiel auf eine etablierte Anlage mit geregeltem Unterrichtsbetrieb.

Doch es gab eine Herausforderung: Die Reitschule war nicht gerade um die Ecke. Von nun an kämpfte ich mich also jeden Freitag mit öffentlichen Verkehrsmitteln dorthin – allein. Kaum war die letzte Schulstunde vorbei, raste ich nach Hause, riss mir die Kleidung vom Leib, schlüpfte in meine Reitsachen und stürmte zur Bushaltestelle. Mein persönliches Abenteuer begann – Woche für Woche.

Die Fahrt war jedes Mal eine Zitterpartie: Schaffte ich den Anschlussbus? Oder musste ich den Rest des Weges zu Fuß zurücklegen? Das bedeutete dann: kein Mitspracherecht mehr bei der Pferdevergabe. Aber wenn alles klappte und ich früh genug ankam, durfte ich sogar bei der Vorbereitung der Pferde helfen – ein Highlight für mich.

Die Reitschule selbst war beeindruckend – aber auch beklemmend. Die Pferde standen in engen Ständern, angebunden, mit gerade genug Platz, um sich hinzulegen, aber nicht, um sich umzudrehen. Koppeln? Gab es nicht. Nur kleine Flächen, die man heute wohl eher als Paddocks bezeichnen würde.

Die Tiere hatten zwar viel Bewegung, da sie mehrere Reitstunden am Tag liefen – doch selbst als Kind spürte ich, dass das nicht in Ordnung war. Nicht artgerecht. Nicht fair. Ich konnte es nicht ändern. Aber ich schwor mir damals, dass ich es später anders machen würde. Heute bin ich dankbar, dass diese Art der Haltung verboten wurde.

Unser Reitlehrer, Rainer, war bekannt wie ein bunter Hund – mit einer Stimme, die die ganze Halle durchdrang. Wenn er „Terrapp, Marsch!" rief, setzten sich alle Pferde sofort in Bewegung. Sein „Durchparieren zum Schritt, Marsch!" war legendär. Wir mussten kaum noch selbst einwirken – seine Kommandos ersetzten fast unsere Hilfen.

Sein Motto war klar: „Immer mehr fordern!" – und das tat er auch.

Und doch… ich habe dort viel gelernt. Schritt, Trab, saubere Hufschlagfiguren – alles wurde akribisch geübt. Der Galopp war erst Thema, wenn der Sitz wirklich sicher war. Anfangs einzeln, dann in der Abteilung – so lernten wir, unsere Pferde auch im Gruppenverband zu kontrollieren.

Rainer bemerkte meinen Einsatz. Dass ich jeden Freitag anderthalb Stunden mit drei verschiedenen Bussen fuhr, beeindruckte ihn wohl. Oft kam ich abgehetzt auf die Minute pünktlich, manchmal viel zu früh. Doch statt mich stehen zu lassen, belohnte er meine Hartnäckigkeit: Er stellte mir sein eigenes Pferd zur Verfügung. Ein echtes Privileg – und für mich das Gefühl: Es lohnt sich.

Das Schönste aber waren die Ausritte. Sobald ich in die fortgeschrittene Gruppe aufstieg, durfte ich mit. Wir ritten durch die Isarauen – ein Paradies aus Wiesen, Wasserläufen und Weite. Schritt, Trab, Galopp – alles draußen in der Natur. Das fühlte sich an wie Freiheit.

Der spannendste Moment? Die Flussquerung. Die Brücke war tabu, also mussten wir die Isar an einer flachen Stelle durchreiten. Rainer ritt voraus, sein Pferd schritt mutig ins Wasser – wir folgten nacheinander.

Die Pferde, die das andere Ufer erreicht hatten, mussten dort stehen bleiben, bis alle durch waren. Und das war der kritische Punkt: Einige wurden unruhig, planschten mit den Hufen – oder machten Anstalten, sich einfach hinzulegen. Wer jetzt nicht blitzschnell reagierte, ging baden. Und das ist auch passiert. Mehr als einmal.

Wer schlau war, reihte sich möglichst weit hinten ein – dann war die Wartezeit kürzer, und die Wahrscheinlichkeit, trocken zu bleiben, stieg.

Diese Ausritte waren für mich das Größte. Die Weite. Der Wind im Gesicht. Der Galopp auf den Feldwegen. Die Aufregung der Flussdurchquerung. Das Gefühl, eins mit dem Pferd zu sein. Hier wusste ich: Das ist mehr als ein Hobby. Das ist meine Leidenschaft.

💡 Mein Lernmoment aus dieser Zeit

Wer bereit ist, für seinen Traum drei Busse zu nehmen – der wird auf dem Weg dorthin auch schwimmen, wenn's sein muss.

Damals dachte ich, ich hätte schon viel erlebt – doch das war erst der Anfang. Die Reitstunden in der Halle sollten mich auf den Pferderücken vorbereiten. Doch was ich im Sattel wirklich lernen würde, offenbarte sich erst später – durch ein Pferd mit wippenden Ohren und einer Lektion fürs Leben.

Kapitel 3

Mit wippenden Ohren und klarer Botschaft

*„Pferde sind nicht da, um uns zu tragen – sie sind
da, um uns zu lehren.“*
– Unbekannt

In meinem Reiterleben gab es viele Pferde, die mich geprägt haben – jedes auf seine ganz eigene Weise. Aber wenn ich heute zurückblicke, war es nicht der erste Galopp, nicht das erste eigene Pferd, das meine Sicht auf Pferde grundlegend verändert hat. Es war Tristan.

Tristan war kein spektakuläres Sportpferd, kein schwieriger Problempatient, den ich hätte korrigieren müssen. Und doch wurde er einer meiner wichtigsten Lehrer. Er war der Schimmel unseres Reitlehrers – groß, mit endlos langen Beinen und einer ganz besonderen Eigenart: seine Ohren. Diese Ohren, die beim Gehen scheinbar ein Eigenleben führten, seitlich wippten und für uns Kinder einfach nur lustig aussahen. Doch hinter diesem scheinbar harmlosen Detail verbarg sich viel mehr.

Denn Tristan war es, der mir zum ersten Mal zeigte, was es wirklich bedeutet, mit einem Pferd zu reiten – und nicht nur auf ihm. Er ließ mich begreifen, wie fein Pferde wirklich sind. Dass sie uns spiegeln, in allem, was wir tun – ganz gleich, ob wir es wahrnehmen oder nicht. Und diese Lektionen lernte ich nicht langsam und sanft, sondern – wie so oft im Leben – auf die harte Tour.

Ich erinnere mich noch genau an ihn. Für mich – damals ein Kind – wirkte er riesig. Doch es war nicht nur seine Größe, die ihn so unverwechselbar machte. Es waren seine Ohren. Diese langen, wippenden Ohren, die er scheinbar lässig zur Seite hängen ließ, während sie bei jedem Schritt im Takt mitschwingen wollten, als hätte er einen eigenen Rhythmus im Kopf. Wer jedoch dachte, das sei ein Zeichen von Müdigkeit oder gar Abgestumpftheit, der lag falsch. Tristan konnte seine Ohren sehr wohl aufstellen – und tat es auch. Vor allem dann, wenn unser Reitlehrer sprach, waren sie wie zwei gespitzte Antennen, exakt auf ihn ausgerichtet.

Natürlich gab es diese Momente, in denen er müde oder gelangweilt wirkte – besonders, wenn er in der Halle auf dem Hufschlag im Schritt außen herumtrotten musste. Aber mal ehrlich: Welches Pferd wäre da mit Feuereifer bei der Sache? Doch sobald es hieß, die Gangart zu wechseln, war er hellwach. Dann standen seine Ohren wie gespannte Pfeile in die Höhe. Im Gelände zeigte sich dasselbe Bild: Im Schritt hingen die Ohren locker, wippten heiter vor sich hin, fast amüsiert – doch sobald es flotter wurde, waren sie auf Empfang geschaltet, ganz der aufmerksame Tristan.

Wir Kinder fanden seine Ohren einfach zum Schießen – und vielleicht war es auch genau diese Eigenart, die ihn für mich so besonders machte. Doch Tristan war weit mehr als nur „das lustige Pferd mit den wippenden Ohren." Er wurde mein erster, echter Lehrmeister.

Ich gehörte zu den wenigen Kindern, die die Pferde unseres Reitlehrers reiten durften. Meistens war es Tristan, zumindest in der Halle. Er war das Tête-Pferd, der Anführer der Abteilung. Mit seinem großen, heute würde man sagen „raumgreifenden" Schritt gab er das Tempo vor. Für mich war das ein Geschenk. Ich wollte mehr als nur im Kreis reiten – ich wollte wirklich reiten. Und genau das bedeutete: Verantwortung.

Denn Tristan verzieh keine Unklarheiten. Wenn ich unruhig im Sattel saß, mit den Beinen zappelte oder meine Gedanken woanders waren, dann spiegelte er das gnadenlos. Gerade Linien?

Nur, wenn ich wirklich steuerte. Hufschlagfiguren? Fehlanzeige, wenn ich nicht bewusst lenkte. Und ein korrekter Gangartwechsel? Nur mit präziser Hilfe.

Meine erste Reitstunde mit Tristan war eine Lektion in Demut. Ich war unheimlich stolz – fast schon ein wenig überheblich. Schließlich war es eine Auszeichnung, eines der Pferde des Reitlehrers reiten zu dürfen. Doch mein Hochmut wurde schneller bestraft, als mir lieb war.

Ich sollte die Abteilung anführen. Ich war aufgeregt, wollte alles richtig machen. Dann kam der Moment: „Durch die ganze Bahn wechseln!" Ein Befehl, den ich kannte. Ich nahm die Zügel auf, lenkte – dachte ich zumindest. Doch Tristan hatte andere Pläne.

Statt gerade über die Diagonale zu schreiten, bewegte er sich in geschwungenen Linien – wie eine träge Schlange, die ihren Weg nicht finden konnte. Eine doppelte Schlangenlinie, völlig unkontrolliert. Und als wäre das nicht genug, setzte er am Ende der Diagonale noch zum Angaloppieren an.

„WAS SOLL DAS SEIN? WAS REITEST DU DA?! HALT GEFÄLLIGST DEINE BEINE RUHIG!"

Die donnernde Stimme des Reitlehrers hallte durch die Halle. Ich spürte, wie mir das Blut ins Gesicht schoss. Ich hätte am liebsten alles stehen und liegen lassen, mich vom Pferd geschwungen und im Reithallenboden versenkt.

Doch aufgeben? Niemals.

Ich biss die Zähne zusammen, schluckte meine Tränen hinunter und richtete innerlich – wenn auch zittrig – meine Krone. Ich wollte das lernen. Ich wollte verstehen. Also machte ich weiter, nahm mir jede Anweisung zu Herzen. Ruhige Beine, klare Hilfen, den Blick dorthin richten, wo ich hinreiten wollte.

Natürlich klappte es nicht auf Anhieb – und schon gar nicht perfekt. Aber ich kämpfte mich durch die Stunde. Vielleicht saß ich am Ende etwas steif auf Tristan, so darauf bedacht, bloß keine unruhigen Bewegungen mehr zu machen. Aber ich hatte etwas Wichtiges begriffen: Ein Pferd läuft nicht einfach geradeaus. Es braucht eine klare Führung, feine Signale und einen Reiter, der weiß, wohin er will.

Die Strenge unseres Reitlehrers wäre heute kaum noch vorstellbar. Doch die Lektionen, die ich durch Tristan lernte, waren unbezahlbar. Ich lernte, dass ich Verantwortung tragen muss – nicht nur für mein Tun, sondern für das ganze Miteinander. Dass ich nicht einfach oben sitze und das Pferd „macht schon“, sondern dass jede Bewegung, jedes Zögern, jede Unklarheit eine Wirkung hat.

Und genau deshalb bleibt Tristan mein erster richtiger Lehrmeister.

Damals war der Unterricht streng. Hart. Nicht selten flossen Tränen. Unser Reitlehrer kannte kein Pardon. Respekt – vielleicht sogar ein bisschen Angst – gehörte zum Reitalltag. Heute, in einer Zeit, in der sich der Umgang mit Pferden wie mit Reitschülern stark gewandelt hat, wäre diese Art des Unterrichts wohl nicht mehr denkbar. Auch mein eigener Stil hat sich längst davon entfernt.
Und doch: Diese Zeit hat mich geprägt. Ich habe gelernt, wie wichtig es ist, bewusst zu reiten. Den Blick klar zu richten, zu wissen, was man will – und dabei ruhig zu bleiben. Ein ruhiges Bein kann Wunder wirken. Diese Erfahrungen gebe ich heute an meine Schüler weiter. Doch auf eine andere Art. Ohne Gebrüll. Ohne harsche Worte.
Neulich musste ich wieder an Tristan denken. Eine junge Schülerin in einer Reitstunde, ganz am Anfang ihres Weges, mühte sich ab, ihr Pony auf einer geraden Linie zu halten. Es lief kreuz und quer. Sie war unruhig, der Fokus fehlte. Ich beobachtete sie einen Moment, dann sagte ich leise:

„Schau dorthin, wo du hinreiten willst. Dein Pony folgt deinem Blick – und deine Beine bleiben ganz ruhig."

Sie versuchte es. Und siehe da – plötzlich wurde ihre Linie klarer. Das Pony reagierte. Ihr Gesicht hellte sich auf. Ein kleines Lächeln stahl sich über ihre Lippen. Und ich? Ich schmunzelte still.

Wie anders das doch war als meine Lektionen mit Tristan – kein Brüllen, kein Donnerwetter. Und doch: Der Kern blieb derselbe.

Heute lasse ich meine Schüler selbst spüren, was passiert, wenn der Fokus fehlt oder die Beine unruhig sind. Ich erkläre, lasse sie ausprobieren, erleben. Ich arbeite mit Aha-Momenten, mit echtem Erkennen. Und mit dem Gefühl, wenn auf einmal alles zusammenpasst.

Denn genau das habe ich damals mit Tristan gelernt: Reiten ist mehr als Technik. Es ist Kommunikation. Es ist Feingefühl. Es ist eine stille Sprache zwischen zwei Lebewesen. Und genau diese Erfahrung möchte ich weitergeben – auf eine Weise, die Pferd und Mensch gleichermaßen respektiert.

 Fazit

Manchmal brauchen wir Lehrer, die uns schonungslos ehrlich zeigen, worauf es wirklich ankommt. Tristan hat mir deutlich gemacht, dass Reiten nicht einfach geschieht – sondern dass jede Hilfe, jede Bewegung bewusst gesetzt werden muss. Damals habe ich gelernt, dass es eben nicht reicht, nur oben zu sitzen. Es kommt auf Klarheit, auf ruhige Hilfen und auf echtes Führen an. Diese Erfahrung hat mein Verständnis für Pferde nachhaltig geprägt – und bildet bis heute das Fundament für meinen eigenen Weg mit ihnen.

 Mein Lernmoment mit Tristan

Manchmal beginnt die größte Erkenntnis genau dort, wo du dich am kleinsten fühlst. Pferde bringen uns nicht nur weiter – sie bringen uns zu uns selbst zurück.

Und doch war es nur der Anfang. Tristan hatte mir gezeigt, was es bedeutet, Verantwortung zu übernehmen und ein Pferd bewusst zu führen. Doch ich ahnte nicht, dass mein nächster Wegbegleiter mich auf eine noch tiefere Reise mitnehmen würde – eine Reise zu mir selbst.

Mit Tristan trat ein Pferd in mein Leben, das mir eine völlig neue Dimension eröffnete. Vertrauen. Verbindung. Loslassen. Werte, die man nicht einfach in einer Reitstunde lernen kann – sondern nur im echten Miteinander, Schritt für Schritt.

So begann ein neues Kapitel. Nicht lauter – sondern leiser. Nicht einfacher – aber ehrlicher.

Kapitel 4

Mehr als Reiten – erste Verantwortung, erste Entscheidungen

Ich konnte es kaum erwarten. Immer wieder sah ich auf die Uhr, zählte die Tage, fieberte dem Moment entgegen: Eine Woche auf einem Reiterhof – nur Pferde, Gleichgesinnte und ich. Das konnte doch nur großartig werden! Und das Beste: Meine beste Freundin kam mit.

Nach unserer Ankunft gab es eine kurze Kennenlernrunde, eine Führung über den Hof, dann die Zimmereinteilung. Danach wurden wir je nach Reiterfahrung in Gruppen aufgeteilt. Meine Freundin hatte weniger Reitstunden als ich und kam in die Anfängergruppe. Eigentlich hätte ich in die Fortgeschrittenengruppe gehört – doch ich wollte unbedingt bei ihr bleiben. Also meldete ich mich ebenfalls für die Anfängergruppe. Eine Entscheidung, die meine gesamte Reiterfahrung beeinflussen sollte.

Jedes Kind bekam ein Pflegepferd – oder besser gesagt: Zwei Kinder teilten sich eines. Natürlich wollte ich mein Pflegepferd mit meiner Freundin gemeinsam betreuen. Unsere Aufgabe war klar: Jeden Morgen vor der ersten Reitstunde mussten wir das Pferd putzen, und – wenn wir es konnten – auch satteln und trensen. In meiner Reitschule standen die Pferde immer bereits fertig vorbereitet in der Halle. Ich hatte nie gelernt, wie man das alles selbst macht. Auch das Putzen wurde dort kaum beachtet – oft stand das Pferd einfach schon gesattelt da, und wir mussten nur noch aufsteigen. Dieser Teil des Miteinanders mit dem

Pferd hatte mir immer gefehlt. Denn ich wollte nicht nur reiten – ich wollte auch die Verantwortung übernehmen.

Und genau das nahm ich mir jetzt vor.

Am ersten Morgen ging es gleich los. Voller Vorfreude machten wir unser Pflegepferd fertig. Ich bekam eine erste Einweisung ins Satteln und Trensen und führte das Pferd stolz in die Reithalle. Als ich in den Sattel glitt, fühlte ich mich wie bei meiner allerersten Reitstunde. Nur diesmal war es anders. Diesmal wusste ich, was zu tun war. Die Hufschlagfiguren gelangen mir mühelos, und als die Reitlehrerin fragte, wer galoppieren wollte, rief ich ohne Zögern: „Ich!"

Der Übergang klappte auf Anhieb. Nach der Stunde kam die Reitlehrerin auf mich zu und lobte mich. Ich solle ab dem nächsten Tag in die Fortgeschrittenengruppe wechseln. Für einen Moment war ich stolz – so richtig stolz. Doch dann traf mich die Erkenntnis: Meine Freundin würde weiterhin in der Anfängergruppe bleiben. Ich erwartete Ärger. Aber sie nahm es verständnisvoll hin. Und dafür war ich ihr unendlich dankbar.

Dann kam der Moment, der alles veränderte.

Am nächsten Morgen, als ich meiner Freundin bei ihrer Stunde zuschaute, bemerkte ich plötzlich: Mein Pferd war noch gar nicht im Unterricht gewesen. Panik stieg in mir auf. Ich rannte in den Stall – und da stand sie. Hexe. Vollkommen verdreckt in ihrer Box. Ich schnappte mir eine Bürste und begann zu putzen, als der Stallbursche an mir vorbeiging.

„Was machst du mit Hexe?", fragte er erstaunt.

Ich erklärte ihm, dass ich sie reiten würde, und er lachte nur. „Na dann, viel Spaß! Aber pass auf – Hexe mag es nicht, wenn man zu stark am Zügel zieht."

Ich runzelte die Stirn. Was meinte er damit?

Wenig später saß ich mit einem mulmigen Gefühl auf ihr. Im Schritt war sie angenehm – doch im Trab wurde es klar: Sie war schnell. Und wehe, man zupfte unruhig am Zügel – dann riss sie einem diesen sofort aus der Hand. Also musste ich umdenken. Ich konzentrierte mich auf meine Gewichtshilfen, so wie es mir die Reitlehrerin empfohlen hatte, und tatsächlich – nach ein paar Versuchen wurde Hexe ruhiger, aufmerksamer. Wir fanden unseren Rhythmus.

Dann kam der Galopp auf dem Zirkel. Ein Problem: Hexe war schneller als das Pferd vor uns. Bremsen war keine Option, Auffahren auch nicht. Ich musste eine Lösung finden. Also vergrößerte ich den Zirkel an der offenen Seite – gab ihr mehr Platz, ohne das Tempo zu drosseln. Und es funktionierte. Ich fühlte mich, als hätte ich ein Rätsel gelöst. Der Stolz über mein eigenes, selbst gefundenes Reiterwissen wuchs – und wuchs noch mehr, als die Reitlehrerin mich für meine Idee lobte.

Doch dieser Stolz hielt nicht lange.

Ich sollte ab sofort Hexe ganz übernehmen. Sie wurde mein Pflegepferd – allein. Meine Freundin und ich gingen nun getrennte Wege. Und das machte sie wütend. Den ganzen Tag über sprach sie kein Wort mit mir. Kein einziges. Betrübt zog ich mich in den Stall zurück. Ich suchte Hexes Nähe, sah ihr später zu, wie sie ausgelassen mit den anderen über die Weide galoppierte. In diesem Moment wurde mir klar, wie glücklich die Pferde hier waren. Große, helle Boxen, täglicher Koppelgang – ein Leben, wie ich es aus meiner Reitschule nicht kannte. Dort standen die Pferde in engen Ständern, angebunden. Kein Licht, kein Platz, kein Freiraum. Mir wurde bewusst, dass ich etwas ändern wollte. Nicht nur für mich – auch für die Pferde. Ich wollte den Umgang mit ihnen ganz erleben. Das Putzen, die Pflege, die Verantwortung. Ich wollte nicht nur Reiten – ich wollte ein Pferd begleiten.

Am Abend, zurück im Zimmer, hielt ich die Stille nicht mehr aus. Ich setzte mich zu meiner Freundin aufs Bett und sprach sie vorsichtig an. Erst schaute sie zur Seite, dann platzte alles aus ihr heraus – die Enttäuschung, der Frust, das Gefühl, ausgeschlossen zu sein. Ich ließ sie reden, hörte zu, und irgendwann erzählte ich auch von meinen Gedanken, von Hexe, und von dem, was ich im Stall beobachtet hatte. Wir redeten lange – über uns, über die neue Situation, und natürlich auch über die Pferde und ihre Haltung. Am Ende mussten wir beide lächeln. Unsere Freundschaft war nicht verloren. Sie hatte nur kurz gestolpert.

Als ich nach Hause kam, erzählte ich meinen Eltern von meinen Erlebnissen. Und dann sprach ich das aus, was mir seit Tagen durch den Kopf ging: „Ich will nicht mehr in die Reitschule gehen. Ich will eine Reitbeteiligung."

Mein Vater hörte mir aufmerksam zu. Und nur wenige Tage später kam er mit fantastischen Neuigkeiten nach Hause. „Ein Kollege von mir sucht für sein Pferd eine Reitbeteiligung. Und ich kann dich zweimal die Woche hinbringen."

Mein Herz machte einen Sprung. Das war es. Ein neues Kapitel begann.

 Fazit

Manchmal braucht es einen neuen Blickwinkel, um zu erkennen, was wirklich wichtig ist. Auf dem Reiterhof lernte ich, dass Pferde mehr verdienen als nur geritten zu werden – sie brauchen Raum, Freiheit und echte Fürsorge. Mir wurde klar, dass die Welt, die ich aus meiner Reitschule kannte, nicht das war, was ich für mich und die Pferde wollte. Etwas in mir veränderte sich still und tief: Ich wollte mehr. Mehr verstehen. Mehr begleiten. Und einen Weg finden, der den Pferden wirklich gerecht wird. Wohin mich dieser Wunsch führen würde, konnte ich damals

noch nicht ahnen – aber ich wusste, dass es kein Zurück mehr
gab.

💡 Mein Lernmoment mit Hexe

Verantwortung beginnt dort, wo du nicht mehr reitest, um zu
reiten – sondern weil du dich um ein Pferd kümmern willst. Mit
allem, was dazugehört: Vertrauen. Verzicht. Veränderung.

Mit Hexe begann etwas Neues – eine tiefere Verbindung, eine
neue Haltung. Was ich aber nicht ahnte: Das Pferd, das ich bald
kennenlernen sollte, würde nicht nur mein Herz berühren, sondern meine ganze Welt verändern.

Kapitel 5

Solero – Wenn ein Pferd dein Herz und deine Welt verändert

„Manchmal kommt ein Pferd in dein Leben und verändert alles. Es berührt deine Seele, bevor du überhaupt weißt, wie sehr du es brauchen wirst."
– Unbekannt

Es war ein sonniger Sonntagmorgen, als wir den kleinen Privatstall erreichten. Mein Herz klopfte vor Aufregung. Heute würde sich entscheiden, ob ich meine erste Reitbeteiligung bekam. Ich wusste, dass ich mich beweisen musste. Ruhig bleiben, sauber reiten, Verantwortung zeigen.

Doch einen Gedanken hatte ich völlig verdrängt: Was, wenn mir das Pferd gar nicht gefiel?

Der Stall war klein, bescheiden – aber gemütlich. Die Pferde standen in geräumigen Boxen, umgeben von weitläufigen Koppeln. Es fühlte sich gut an. Richtig.

Dann kam der Arbeitskollege meines Vaters auf uns zu – und am Strick führte er einen Fliegenschimmel. Kein übermütiger Sportler. Kein nervöses Temperamentsbündel. Nein. Solero. Ruhig. Wachsam. Freundlich.

In dem Moment wusste ich: Das war er.

Ich durfte ihn putzen, satteln und schließlich aufsteigen. Und sobald ich im Sattel saß, spürte ich: Dieser Wallach war anders. Keine Hektik, kein Widerstand. Einfach ein ehrlicher Partner.

Mein Vater betonte mehrfach, dass es keine Garantie gäbe – die Entscheidung liege allein beim Besitzer. Doch die Sorge war unbegründet. Ich wurde die neue Reitbeteiligung von Solero.

Doch Solero war nicht allein. In seiner großen Box lebten zwei gewitzte Mitbewohner: Zwei Ziegen. Für ihn vermutlich unterhaltsam. Für mich? Eine Herausforderung.

Sobald ich die Boxentür öffnete, musste ich blitzschnell sein – sonst waren die Ziegen schneller draußen als ich gucken konnte. Und wehe, sie entwischten. Dann begann die Jagd: Die beiden stellten sich auf die Hinterbeine, schüttelten ihre Hörner und versuchten, mich mit ihren Köpfen zu rammen. Ich lernte schnell: Am besten funktioniert es, wenn man eine Ziege direkt an den Hörnern packt – die andere folgte dann meist freiwillig.

Trotz aller Ziegenabenteuer war ich überglücklich. Ich hatte meine erste eigene Reitbeteiligung! Ich konnte es kaum erwarten, mehr Zeit mit Solero zu verbringen. Und manchmal durfte meine Freundin mitkommen – dann wurde es ganz besonders. Gemeinsam ritten wir ohne Sattel über Feldwege und durch den Ort. Nicht nebeneinander. Nein – gemeinsam auf Soleros Rücken. Wir fühlten uns wie Pippi Langstrumpf, frei und unbesiegbar. Wir lachten, genossen das Tempo – und dachten nicht eine Sekunde darüber nach, wie gefährlich das vielleicht war.

Als wir zurück in den Stall kamen, wurden wir streng empfangen. Wir bekamen eine deutliche Rüge. Und doch musste ich Jahre später noch schmunzeln, wenn ich an diesen Tag zurückdachte. Ein Moment voll unbeschwerter Freiheit.

Ich verbrachte eine sehr schöne Zeit in diesem Stall. Natürlich ritten wir danach nicht mehr zu zweit auf einem Pferd aus – das hatte sich erledigt. Aber meine Verbindung zu Solero wurde mit jedem Tag stärker. Die Zeit verging, ich wurde älter, machte meinen Führerschein und konnte nun selbstständig zu ihm fahren. Es war eine besondere Phase meines Lebens, voller kleiner Abenteuer und wertvoller Erfahrungen.

Doch dann kam der Tag, der alles veränderte.

Der Stall wurde geschlossen. Ein neuer musste gefunden werden. Nach langem Suchen fand ich einen Platz, der zwar keine Koppeln im Winter, dafür aber eine Reithalle und Nähe zu meinem Wohnort bot. Ich beteiligte mich an den Kosten – und Solero zog um.

Was mit zwei Reittagen pro Woche begann, wurde bald zum Alltag. Der Besitzer zog sich mehr und mehr zurück. Plötzlich war ich verantwortlich. Für alles. Für Training, Pflege, Futter, Bewegung. Ich hatte ein eigenes Pferd – zumindest fühlte es sich so an. 

Und ich lernte. Ich nahm Unterricht, arbeitete an meinem Sitz, entwickelte ein feines Gefühl für Hilfen, Körpersprache, Timing. Unsere Verbindung wurde tiefer. Und ich wuchs – als Reiterin und als Mensch.

Dann kam die erste Erschütterung.

Der Besitzer verkündete, dass eine zweite Reitbeteiligung dazukommen würde – ein kleines Mädchen. Kaum Erfahrung. Kaum Wissen. Aber viel Selbstbewusstsein. Und Eltern, die alles möglich machten. Ich mochte sie nicht besonders.

Zuerst redete ich mir ein, es sei vielleicht ganz angenehm, zwei Tage nicht in den Stall zu müssen. Doch tief in mir spürte ich: Es war nicht mehr nur Solero und ich.

Ich beobachtete, wie sie mit ihm umging – unbeholfen, manchmal grob, oft unsicher. Aber ich konnte nichts tun. Es war nicht mein Pferd.

Und dann – der Schlag ins Herz.
„Ach übrigens, Solero wird nächste Woche abgeholt."
Ein beiläufiger Satz. Eine beiläufige Katastrophe.
„Was?!", fragte ich entsetzt.
„Ja, die Eltern des Mädchens kaufen ihn. Er zieht in einen Stall näher bei ihnen."
Mir wurde schwindelig. Mein Solero? Fort?
Ich wollte protestieren, kämpfen, schreien – aber ich konnte nichts tun. Solero gehörte nicht mir.

Der letzte Tag war furchtbar. Ich verbrachte jede Minute bei ihm. Ich sprach mit ihm, streichelte ihn, flüsterte ihm Dinge zu, die nur er und ich verstanden. Als der Transporter kam, führte ich ihn selbst hinein. Er drehte den Kopf, sah mich an, stupste mich ein letztes Mal. Ein stiller Abschied. Ein Abschied für immer.

Ich sah dem Hänger nach, bis er hinter dem Hügel verschwand.

Mein Herz zerbrach.

Diese Zeit hat mich geprägt wie kaum eine andere. Vom Pflegepferd in den Reiterferien zur Reitbeteiligung mit voller Verantwortung. Ich hatte so viel gelernt – über Pferde, über Menschen, über mich.

Und über das Loslassen.

Denn nur, wenn man loslässt, kann etwas Neues entstehen. Diese Lektion trage ich bis heute in meinem Herzen. Und genau deshalb ist es mir heute so wichtig, meine Reitschüler nicht nur reiten zu lassen – sondern sie vorzubereiten. Auf das Leben mit einem Pferd. Auf Verantwortung. Auf Bindung. Und auf den Mut, auch einmal loszulassen.

Was ich damals noch nicht wusste: Der Abschied von Solero war nicht das Ende. Es war der Anfang.

Pferde, die nicht zum Ausreiten gedacht waren. Pferde, die für Geschwindigkeit gezüchtet wurden. Und ich hatte keine Ahnung, wie sehr sie mein Leben verändern würden.

💡 Mein Lernmoment mit Solero

Manchmal denken wir, wir verlieren etwas. Dabei bereitet uns das Leben auf etwas vor, das wir noch gar nicht sehen können. Solero hat mir gezeigt, was Liebe ist – und was Mut bedeutet.

Mit Solero habe ich gelernt, wie tief eine Verbindung gehen kann – und wie weh es tut, sie zu verlieren. Doch schon bald öffnete sich eine Tür, durch die ich nie freiwillig gegangen wäre – und fand dort ein Pferd, das mir ganz neue Horizonte zeigte.

Kapitel 6

Auf zu neuen Wegen – eine ganz andere Pferdewelt

Da stand ich nun – ohne Solero. Mein Herz war schwer, meine Gedanken kreisten, und der Schmerz saß tief. Ohne ein Wort an mich war er an ein fremdes Mädchen verkauft worden. Nicht einmal vom Besitzer selbst hatte ich es erfahren. Ich fühlte mich verraten. Verletzt. Leer.

Ich zog mich zurück. An ein neues Pferd war nicht zu denken. Wie sollte ich mich erneut öffnen, mich kümmern – wieder jemanden verlieren?

Aber das Leben hat oft andere Pläne. Und wieder einmal war es mein Vater, der den Stein ins Rollen brachte. Es war ein Sonntag, wie so viele zuvor. „Ich muss noch etwas anschauen – willst du mitfahren?“ fragte er beiläufig. Das war nicht ungewöhnlich. Ich liebte diese gemeinsamen Fahrten. Einfach im Auto sitzen, quatschen, lachen. Ich dachte, wir steuern eine seiner Baustellen an. Doch wir fuhren hinaus aufs Land.

Ein alter Bauernhof tauchte vor uns auf. Ich runzelte die Stirn. Das war keine Baustelle. „Wir besuchen einen Arbeitskollegen“, erklärte mein Vater. Ich nickte – und ahnte nicht, dass dieser Besuch mein Leben verändern würde.

Schon beim Aussteigen begrüßte uns eine laut bellende Bernersennenhündin – Bella. Ich blieb vorsichtshalber noch im

Auto sitzen, bis ein älterer Mann aus dem Haus trat, sie zu sich rief und uns freundlich hereinbat. Mein Vater wurde herzlich begrüßt, dann wandte sich der Mann mir zu: „Du bist wohl das pferdeverrückte Mädel."

Ich horchte auf. Mein Blick wanderte über den Hof – und da sah ich sie. Pferde. Keine Kühe, keine Schweine. Pferde. Mein Herz machte einen Satz. Erst in diesem Moment wurde mir bewusst, wie sehr mir die Pferde gefehlt hatten.

Josef, so stellte er sich vor, lud mich ein, seinen Hof kennenzulernen. Ein älteres Gehöft – Wohnhaus, zwei Nebengebäude, eine große Scheune – alles in U-Form. Der Putz bröckelte, doch es hatte Charme. „Ich züchte nebenbei ein paar Traber", erzählte Josef. Stolz sprach er von seinem Sohn, der früher die Ausbildung der Pferde übernommen hatte, nun aber für ein großartiges Jobangebot nach Norddeutschland gezogen war.

Wir betraten den ersten Stall. Vier große Boxen. Drei davon bewohnt – braune Stuten, zwei mit Fohlen, eine hochtragend. Ich trat langsam näher. Ließ mich beschnuppern. Streichelte sie vorsichtig. Die Fohlen waren neugierig, zutraulich – ich durfte auch sie berühren. Mein Herz wurde warm. So viel Leben. So viel Nähe. Ich strahlte.

Mein Vater lächelte: „Scheint, meine Überraschung ist gelungen." Oh ja. Und wie sie gelungen war.

Dann sah mich Josef an. „Ich bin gespannt, wie du auf mein Angebot reagierst."

Ich blinzelte verwirrt. Angebot?

Wir gingen weiter in das zweite Stallgebäude. Kleinere Boxen, auch hier braune Pferde. Traber. Einige zu alt fürs Rennen, andere ohne das nötige Talent. Nun sollten sie Reitpferde werden.

„Ich könnte Hilfe gebrauchen", sagte Josef ruhig. „Pferde putzen, bewegen, vielleicht auch reiten – ganz freiwillig. Wenn's passt, ist's für uns beide ein Gewinn."

Ich war sprachlos. Ein solcher Vertrauensvorschuss – ohne mich je reiten gesehen zu haben. Natürlich sagte ich Ja.

„Dann leg gleich los", grinste Josef. „Da sind Halfter, dort ist der Putzplatz. Viel Spaß – wir trinken Kaffee."

Ich war im Himmel.

Stall für Stall, Pferd für Pferd. Jedes ließ sich brav führen, genoss das Putzen. Auch die Stuten durfte ich in der Box versorgen – den Fohlen zuliebe. Ihre Neugier war rührend, ihre kleinen Schnuppernasen an meinen Händen zauberten mir ein Lächeln ins Gesicht. Als wir am Abend heimfuhren, drehte sich mein Vater zu mir: „Geht's dir wieder besser?" – „Jaaa", platzte es aus mir heraus. Ich war erfüllt. Glücklich. Ich war wieder ich – auch wenn ich bis zu den Ohren nach Pferd stank.

Von da an gehörte jedes Wochenende diesem kleinen Traberhof. Der Stall war alt, ja. Die Decken zu niedrig, die Boxen dunkel. Aber es war friedlich. Die Pferde durften täglich raus, wurden gut behandelt. Ich fühlte mich willkommen.

Besonders ein Traber hatte es mir angetan. Ein junger Brauner mit langer, leicht welliger Mähne. Joantos.

Er war gerade dabei, sich von einer Verletzung zu erholen – eine genähte Schlagverletzung, nichts Dramatisches, aber Josef wollte auf Nummer sicher gehen. Ich durfte ihn in dieser Zeit betreuen: ihn laufen lassen, longieren, putzen. Wir lernten uns kennen – langsam, still, auf diese besondere Art, wie es nur zwischen Pferd und Mensch geschehen kann, wenn Worte keine Rolle spielen.

Von Anfang an war klar: Sobald Joantos wieder ganz fit war, würde er zurück ins Training gehen. Und das tat er schließlich auch. Josef versprach mir, Bescheid zu geben, wenn Joantos sein erstes Rennen laufen würde. Ich freute mich darauf – und gleichzeitig merkte ich, wie sehr mir dieser junge Traber bereits ans Herz gewachsen war.

Doch nur wenige Wochen später war er plötzlich wieder da. Ich kam an einem Samstag in den Stall – und da stand er. In seiner alten Box. Mein Herz stockte. War er etwa erneut verletzt?

Ich lief sofort zu Josef, die Fragen sprudelten nur so aus mir heraus. Was war passiert? Warum war Joantos wieder hier? Was durfte ich mit ihm machen?

Josef seufzte. „Ich war bei seinem Training. Aber er lief vor dem Sulky nicht richtig – sprang immer wieder in den Galopp. Und die Art, wie man dort mit ihm umgehen wollte … das ging für mich nicht. Ich habe ihn am nächsten Tag sofort zurückgeholt.“

Er sagte nicht, was genau passiert war. Aber seine Worte und sein Blick reichten – ich wollte es gar nicht wissen. Nun sollte Joantos Reitpferd werden. Ich longierte ihn, sattelte ihn – er nahm alles an, als hätte er nie etwas anderes gemacht. Der erste Ritt: ruhig, vertraut, leicht. Als hätte uns jemand zusammengeführt. Das Einreiten übernahm ein Profi – ich durfte die Ausbildung weiterführen.

Auch mit einer riesigen Traberstute arbeitete ich, liebevoll „Schlachtschiff“ genannt. Zu groß fürs Rennen, nicht geeignet für die Zucht – aber sanftmütig. Ich ritt sie regelmäßig und wusste: auch sie würde bald verkauft werden. Ich gab mein Herz nicht mehr so leicht her – hatte ja gelernt, was das bedeuten konnte.

Die Wochenenden verflogen. Bis zu jenem Samstag. Josef kam auf mich zu: „Putz Joantos und das Schlachtschiff – heute kommen Interessenten. Du sollst beide vorreiten."

Ich schluckte. Tränen stiegen in mir auf. Joantos?

Ich funktionierte. Putzte. Sattelte. Ritt die Stute zuerst – brav wie immer. Ein Mädchen verliebte sich sofort in sie. Auch das zweite Mädchen durfte sie reiten.

Währenddessen bereitete ich Joantos vor. Als ich mit ihm zum Platz ging, glänzten die Augen des anderen Mädchens. Ich zeigte, was er konnte. Noch nicht perfekt, aber willig, aufmerksam, ehrlich. Sie wollte ihn probieren. Und dann … wollte sie ihn kaufen.

Ich brachte ihn zurück in den Stall. Josef kam mir entgegen. „Was soll Joantos kosten?" fragte ich leise. „3.500 DM", antwortete er. Dann sah er mich an. „Warum fragst du?"

„Was wäre, wenn ich ihn kaufen würde?"

Er schwieg einen Moment. Dann lächelte er. „Das wäre das Beste für ihn. Ich wüsste, er ist in guten Händen – auch wenn ich dann eine tolle Hilfe verliere. Ich gebe dir das Vorkaufsrecht. Für Dich kostet er nur 3.000 DM. Du hast eine Woche Zeit es zu klären."

In meinem Kopf ratterte es. Das Geld hatte ich. Ich musste nur meine Eltern überzeugen – und einen Stall finden.

Schon auf dem Heimweg fuhr ich zum alten Stall, in dem Solero gestanden hatte. Die Notbox war noch frei. Sie würden Joantos aufnehmen.

Zu Hause platzte ich sofort heraus: „Ich kauf Joantos. Der Stall ist schon klar. Meine Freundin übernimmt die Reitbeteiligung."

Meine Eltern waren überrumpelt – aber ich hatte an alles gedacht. Am nächsten Tag rief ich Josef an und sagte: „Ich nehme ihn."

Joantos war mein.

 Fazit

Manchmal öffnet ein unerwarteter Abschied den Weg zu neuen Erfahrungen.
Die Arbeit auf dem Traberhof zeigte, wie Vertrauen, Geduld und Verantwortung im Umgang mit jungen Pferden wachsen können. Durch neue Aufgaben, durch das Begleiten statt nur Reiten, entstand eine tiefere Verbindung – eine, die auf gegenseitigem Respekt und stiller Annäherung beruhte. Mit Joantos begann ein neuer Abschnitt: nicht geplant, nicht gesucht – aber genau richtig, um neue Wege zu gehen und das Verständnis für Pferde auf eine neue Ebene zu bringen.

Mein Lernmoment aus dieser Zeit

Manchmal zeigt dir das Leben einen Umweg – nur um dir etwas zu schenken, das viel besser zu dir passt als alles, was du je gesucht hast.

Joantos war nicht nur ein Pferd – er war der Beginn eines neuen Kapitels. Was mit dem Abschied von Solero wie ein Verlust begann, wurde zur vielleicht tiefsten Verbindung meines Lebens.

Kapitel 7

Ein Herzenswunsch wird Wirklichkeit – Mein Weg mit Joantos

„Manche Träume sind so groß, dass man erst hineinwachsen muss. Und wenn sie dann wahr werden, verändern sie alles."
– Unbekannt

Es war einfach unbeschreiblich. Mein Kindheitstraum – so lange erträumt, so oft ausgemalt – war endlich Wirklichkeit geworden. Ich hatte mein eigenes Pferd. Meinen Joantos.

Eine Woche nach dem erlösenden Telefonat, in dem ich Josef zusagte, Joantos zu kaufen, rollte der Pferdetransporter auf den Hof. Der Hof, auf dem früher Solero stand. Dieser Ort, der sich wie ein Stück Zuhause anfühlte. Jetzt sollte Joantos hier einziehen. Und obwohl ich wusste, dass dieser Tag kommen würde, fühlte es sich an wie ein Wunder.

Ich stand da, voller Vorfreude, mein Herz klopfte laut in meiner Brust. Als der Transporter auf den Hof fuhr, konnte ich kaum stillstehen. Meine Hände waren feucht vor Aufregung, und mein Blick klebte förmlich an der Ladefläche. Doch bevor Joantos den Hänger verlassen durfte, mussten wir – ganz nüchtern – das Geschäftliche klären.

Josef stieg aus, begrüßte mich herzlich, überreichte mir den Vertrag und Joantos' Papiere. Ich hielt den Pferdepass in der Hand und musste schlucken. Es war ein überwältigender Moment. Da stand es schwarz auf weiß: Joantos gehörte jetzt mir. Mein größter Wunsch war in Erfüllung gegangen – und ich konnte es kaum fassen.

Dann wurde die Rampe geöffnet. Und da stand er. Er sah mich an, ruhig, wachsam – und ich war sofort wieder verliebt. Josef führte ihn die Rampe hinunter, übergab mir den Strick und sagte: „Pass gut auf ihn auf. Er ist etwas Besonderes." Ich nickte stumm. Worte fehlten mir in diesem Moment. Es war ein Augenblick voller Bedeutung – still, aber tief.

Da stand ich also, mit Joantos am Strick. Mein eigenes Pferd. Und plötzlich war da nicht nur Freude, sondern auch Unsicherheit. Was sollte ich als Erstes tun? Ihn führen? Laufen lassen? In die Halle? Ich wollte alles richtig machen, nichts falsch machen.

Zum Glück kam die Stallbesitzerin hinzu und nahm mir die Entscheidung ab. „Am besten stellst du ihn gleich in seine Box. Er soll erst mal ankommen, was trinken, fressen – zur Ruhe kommen."

Die Box war eine Notlösung – nicht ideal, etwas dunkel, kein direkter Kontakt zu anderen Pferden. Aber ich wusste, dass er bald in eine bessere Box ziehen durfte. Für den Moment war es okay. Ich stellte ihm Heu und Wasser hin, streichelte noch einmal über sein samtiges Fell, bevor ich mich losriss.

Zuhause fiel ich erschöpft, aber überglücklich aufs Sofa. Und dann wurde mir bewusst: Ich hatte so gut wie keine Ausrüstung! Ein paar Stricke, zwei Schabracken, Putzzeug – das war alles. Kein Sattel, keine Trense, keine Longe. Also ab zum Pferdeshop. Ich war wie ein Kind im Spielzeugladen – alles für Joantos!

Am nächsten Morgen war ich schon im Morgengrauen auf den Beinen. Ohne Frühstück fuhr ich zum Stall. Ich konnte es kaum erwarten, ihn zu sehen. Als ich die Stallgasse betrat und Joantos mich hörte, hob er sofort den Kopf, spitzte die Ohren und wieherte leise. Mein Herz schmolz.

Ich begrüßte ihn mit einer Karotte, zeigte ihm stolz meine Einkäufe und räumte alles ordentlich in unseren Spind. Reiten wollte ich ihn noch nicht – das wäre zu früh gewesen – aber ich wollte, dass er seine neue Umgebung kennenlernt. Also ging es los: durch den Stall, über den Hof, an den Außenplatz, zur Reithalle.

Die Halle war leer. Ich war neugierig, wie er sich dort verhielt – also machte ich ihn vom Strick los. Er schritt zunächst ruhig durch die Halle, sah sich die Spiegel an, wirkte ganz bei sich. Doch plötzlich, wie auf Knopfdruck, explodierte er vor Lebensfreude: Mit einem Quietscher sprang er zur Seite, bockte durch die Halle, warf den Kopf, galoppierte in wilden Bögen – voller Energie.

Ich stand da, etwas überrumpelt, aber auch voller Staunen. Was für ein Feuerwerk!

Da kam die Stallbesitzerin und ich erschrak kurz – hatte ich etwas falsch gemacht? Doch sie lachte und sagte nur: „Na, der hat ordentlich Pfeffer! Genau richtig, dass du ihn hier mal machen lässt." Ich atmete auf. Mein Bauchgefühl war also gar nicht so schlecht.

In den nächsten Tagen pendelte ich täglich zwischen Stall, Sattler und Pferdeshop. Ich war voller Tatendrang, wollte alles perfekt machen. Doch ich lernte auch sehr schnell, was es heißt, ein eigenes Pferd zu haben.

Als Joantos das erste Mal auf die Koppel kam, war ich nervöser als er. Ich hatte so gehofft, dass alles harmonisch verläuft – aber natürlich mussten Rangordnungen geklärt werden. Und so kam er mit Bisswunden zurück. Nicht schlimm, aber blutig. Ich war entsetzt, sah mein verletztes Pferd – und rief völlig aufgelöst den Tierarzt.

Zum Glück war es der Partner einer alten Schulfreundin. Er kam, warf einen Blick auf Joantos und schmunzelte: „Wegen so-was rufst du mich?" Dann erklärte er mir geduldig, wie man kleine Wunden selbst versorgt, was man desinfizieren muss, welche Salbe hilft. Ich war dankbar – das war meine erste große Lernstunde.

Von da an wurde ich ruhiger. Ich lernte, Verantwortung zu tragen – nicht aus Angst, sondern aus Wissen.

Zwei Wochen später zog Joantos in seine neue, helle Box um. Mit Nachbarn rechts und links, viel Licht, frischer Luft – es war genau der richtige Platz für ihn.

Und dann war endlich der große Moment gekommen: Ich hatte einen passenden Sattel gefunden.

Zum ersten Mal saß ich als Pferdebesitzerin auf meinem eigenen Pferd. Ich weiß noch, wie mir das Herz klopfte. Ich hoffte so sehr, dass alles gut geht. Und es ging gut. Joantos war aufmerksam, ruhig, bemüht. Schritt, Trab – sogar einen kleinen Galopp wagten wir. Ich konnte mein Glück kaum fassen. Da saß ich, ganz oben auf meinem Traum. Und es fühlte sich richtig an.

Natürlich wollte ich guten Unterricht – also wandte ich mich an Sabine, die ortsansässige Reitlehrerin. Sie war offen, bodenständig und sah sofort: Das ist kein typisches Reitpferd. Aber sie mochte uns. Joantos war willig, ich war ehrgeizig – und gemeinsam bauten wir eine solide Basis auf.

Ein Jahr später kam sie mit der Idee ums Eck: „Möchtest du das Reitabzeichen machen?" Ich war erstmal sprachlos. Wir? Ein Traber im Reitabzeichen? Aber sie bestärkte mich. Und so begannen wir mit gezieltem Training.

Für die Springprüfung sollte ich eigentlich ein anderes Pferd nehmen, aber das fiel verletzungsbedingt aus. Also wagten wir es – mit Joantos.

Er war zu diesem Zeitpunkt noch nie ernsthaft gesprungen. Doch er lernte schnell. Unglaublich schnell.

Er schien es zu lieben, über die Hindernisse zu fliegen. Mit gespitzten Ohren, wachem Blick und voller Konzentration ging er ans Werk. Auf der Koppel sprang er sogar freiwillig über die dortigen Hindernisse – einfach so, aus Spaß.

Wir trainierten fleißig – und dann kam der große Tag.

Beim Probesprung knallte er voll ins Hindernis. Mein Herz rutschte mir in die Stiefel. Doch im Parcours war alles anders. Der erste Sprung – ein echtes Ausrufezeichen. Er sprang viel zu hoch, aber mit so viel Kraft und Herz, dass ein Raunen durch die Zuschauer ging.

Wir beendeten die Springprüfung fehlerfrei. Auch die Dressur lief ordentlich. Ich bestand das Kleine Reitabzeichen – und im Springen war ich mit 6,5 die Beste der Prüfung.

Ich war unfassbar stolz. Auf mich. Auf ihn. Auf uns. Joantos bekam ein ganzes Bund Karotten und ich flüsterte ihm ins Ohr: „Du bist einfach mein Champion.“

Nach dem Erfolg beim Reitabzeichen schwebte ich auf einer kleinen Wolke. Ich war so stolz auf Joantos – und auf mich. Und irgendwie fühlte es sich an, als wäre jetzt alles möglich.

Als Nächstes kam mir die Idee, am Hofturnier teilzunehmen. Es war kein großes Turnier, nur eine kleine Veranstaltung im Stall, eine WBO-Prüfung – doch für mich hatte es große Bedeutung.

Ich meldete uns an und trainierte mit Sabine gezielt auf die Aufgaben hin. Bahnfiguren, Übergänge, Schritt-Trab-Galopp, sogar eine Vorhandwendung wurde verlangt. Sabine half mir, Struktur in unsere Arbeit zu bringen.

Im Training lief alles gut. Natürlich war Joantos' Trab nicht klassisch – aber er war rhythmisch, energisch, und er versuchte, alles richtig zu machen. Ich ritt ihn mit viel Gefühl, mit feinen Hilfen. Ich kannte ihn ja mittlerweile gut.

Dann kam der große Tag. Ich war furchtbar nervös. Früh am Morgen war schon Trubel im Stall. Alle halfen mit beim Herrichten des Dressurvierecks auf dem Außenplatz. Ich war voller Vorfreude, aber auch angespannt.

Joantos wurde auf Hochglanz geputzt – seine dunkle, seidige Mähne wollte ich eigentlich flechten, aber die klassischen Knoten sahen bei ihm einfach nicht schön aus. Eine Freundin gab mir den Tipp, einen Mozartzopf zu flechten – entlang des Mähnenkamms. Das sah edel aus, passte perfekt zu ihm.

Ich hatte mir eine weiße Reithose gekauft, das Turnierjackett lieh mir eine Freundin – und so war alles vorbereitet. In der Reithalle ritt ich ihn warm, er fühlte sich gut an, konzentriert, aufmerksam. Mein Herz schlug schneller.

Dann ging es los. Wir ritten an zweiter Stelle in der Abteilung. Joantos war bei mir, lief willig im Trab, hörte auf jede Hilfe. Doch als wir am Richterhäuschen vorbeiritten, hörte ich deutlich, wie jemand sagte: „Was ist das denn für ein Trab? Mit so einem Pferd reitet die hier mit?"

Diese Worte trafen mich wie ein Schlag. Mir zog es den Magen zusammen. Ich war so aus der Fassung, dass die anschließende Vorhandwendung misslang. Ich versuchte, mich wieder zu fangen – aber die Bemerkung hatte gesessen. Ich ritt den Rest der

Prüfung wie durch einen Schleier, die Unsicherheit ließ mich nicht los.

Am Ende bekamen wir eine 4,5. Letzter Platz. Ich war enttäuscht. Nicht, weil wir nicht gewonnen hatten – das hatte ich gar nicht erwartet. Sondern, weil ich mich so hatte verunsichern lassen. Ich war wütend auf mich. Und traurig, dass Joantos so wenig Wertschätzung bekommen hatte.

Im Protokoll stand: *„Trab nicht taktrein, nicht kontrolliert."* Vielleicht war er nicht taktrein im klassischen Sinne – aber kontrolliert war er sehr wohl. Ich hatte ihn bewusst, ruhig, fein geritten. Ich hatte mein Bestes gegeben.

Nach diesem Erlebnis beschloss ich, nicht mehr an Turnieren teilzunehmen. Es war nicht unsere Welt. Und das war okay.

Dafür wartete draußen die große Freiheit auf uns. Die Ausritte mit Joantos waren unbezahlbar.

Besonders die langen Ritte entlang des Isarkanals waren für uns beide das pure Glück. Dort, wo der Weg gerade verläuft, fest und eben, konnte man das Pferd mal richtig laufen lassen. Und Joantos, der Traber, zeigte, was in ihm steckte.

Wenn er seinen Renntrab auspackte, war das kein normaler Trab mehr – das war Tempo, Kraft und Dynamik pur. Die anderen Pferde mussten in den Galopp wechseln, um mitzuhalten. Und ich? Ich stand im leichten Sitz, ließ mich von seiner Bewegung tragen, atmete tief durch und fühlte nur eines: Freiheit.

Das Gefühl, wenn er unter mir lief – so stark, so bereit, so voller Energie – war unbeschreiblich. Ich vertraute ihm blind. Er trug mich sicher durch Wälder, über Wiesen, an Feldern vorbei.

Manchmal ritt ich allein, manchmal in Gesellschaft. Aber egal, mit wem oder wohin – Joantos war immer mein Fels.

Wir machten auch kleine Zwischenstopps. Zum Beispiel bei meiner Mutter. Wir konnten bei ihr am Haus vorbeireiten, sie freute sich jedes Mal riesig, wenn wir kamen. Es war ein schöner Anblick: mein Pferd, der Apfel in seiner Schnauze, meine Mutter lachend auf der Terrasse. Das waren diese kleinen Alltagswunder, die man nie vergisst.

Unvergessen ist auch sein Verhalten bei Schnee.

Ich erinnere mich an einen Wintermorgen – wir ritten in der Halle, alles war ruhig. Schritt, Trab, konzentriert wie immer. Doch als sich das große Hallentor öffnete und der Blick nach draußen freigegeben wurde – Schneegestöber, weiße Flocken überall – machte Joantos plötzlich mehrere Bocksprünge hintereinander und galoppierte einmal wild durch die Halle.

Ich blieb drauf – aber war kurz sprachlos. Ich dachte zuerst, er hätte sich erschreckt. Doch schnell merkte ich: Das war kein Erschrecken – das war reine Lebensfreude!

Ab diesem Tag wusste ich: Schnee macht Joantos übermütig. Ob unterm Sattel, an der Hand oder draußen auf dem Paddock – sobald Schnee fiel, tanzte er. Es war sein Element. Er sprang, bockte, tobte – und lachte dabei förmlich. Ich musste oft selbst laut lachen. Er zeigte mir, wie schön das Leben sein kann, wenn man es zulässt.

Alles in allem hatten wir eine schöne Zeit in diesem Stall. Joantos schien sich wohlzufühlen, und auch ich genoss die ruhige Atmosphäre und die langen Ausritte durch die Natur. Doch manchmal schleichen sich neue Gedanken ganz leise ins Herz.

Bei einem unserer Ausritte kamen wir an einem anderen Stall vorbei. Ich blieb kurz stehen und beobachtete die Pferde, die dort nicht in Boxen, sondern in einem Offenstall lebten. Sie konnten sich frei bewegen, standen zusammen am Heu und pflegten ganz selbstverständlich ihren Sozialkontakt. Natürlich kam mir sofort der Gedanke, ob es nicht schön für Joantos wäre, wenn auch er diese Freiheit erleben dürfte. Und wie so oft entschied ich aus dem Bauch heraus, dass ich es einfach versuchen wollte. Noch am selben Tag nahm ich Kontakt zu den Stallbesitzern auf – und tatsächlich: Es war noch ein Platz frei. Einzige Voraussetzung war, dass das Pferd hinten keine Hufeisen tragen durfte. Für uns kein Problem, denn Joantos war hinten ohnehin barhuf.

Kurz darauf kündigten wir unseren Einstellerplatz, und Joantos zog in den Offenstall um. Anfangs stand er abgetrennt von seiner neuen Herde, konnte sie aber schon sehen und auch durch die Abtrennung hindurch beschnuppern. Nach einer Woche war es soweit: Joantos durfte zu den anderen Pferden. Die Eingewöhnung verlief ruhig und ohne Blessuren, und ich war erst einmal erleichtert.

Doch leider hielt diese Harmonie nicht lange an. Schon nach wenigen Wochen merkte ich, dass etwas nicht stimmte. Joantos wirkte immer schlapper, sah müde aus und hatte fast täglich neue kleine Verletzungen. Ich verbrachte viel Zeit im Stall, beobachtete die Herde und bemerkte schließlich, was los war: Es waren die kleinen Ponys, die ihn ständig jagten, bissen und traten. Er kam nicht zur Ruhe, wurde beim Fressen vertrieben und legte sich kaum noch hin.

Als er schließlich lahmte und der Hufschmied mir erklärte, dass durch den Boden im Offenstall sein Hufhorn so stark abgerieben sei, dass er hinten nun doch Eisen bräuchte, wurde mir klar: So hatte ich mir das für Joantos nicht vorgestellt. Kleinlaut fragte ich in unserem alten Stall nach, ob wir wieder zurückkommen könnten. Die Stallbesitzerin lächelte verständnisvoll.

Joantos alte Box war zwar inzwischen vergeben, aber eine andere Box stand bereit.

Also kehrten wir nach nur eineinhalb Monaten zurück. Joantos durfte wieder mit seiner alten Koppelgruppe zusammenstehen und endlich zur Ruhe kommen. Seine Wunden heilten, und langsam fand er zu seiner alten Lebensfreude zurück.

Vielleicht hätte ich mehr Geduld haben sollen und ihm mehr Zeit für die Eingewöhnung geben müssen. Doch in der Krankenbox, in die er wegen der Verletzungen im Offenstall isoliert worden war, hatte ich deutlich gespürt: Er war dankbar für die Ruhe. Für mich war klar: Ein Offenstall war nicht die richtige Haltungsform für Joantos. Seine Hufe hielten dem Untergrund nicht stand, und das ständige Gewusel ließ ihn nicht entspannen. Manchmal ist das Beste, was wir für unsere Pferde tun können, ihre feinen Signale zu erkennen – und unseren eigenen Wunschvorstellungen nicht blind zu folgen.

Mit jedem Tag, an dem Joantos wieder mehr zu seiner alten Lebensfreude fand, spürte ich: Es war an der Zeit, ihm noch etwas Gutes zu tun. Ich wollte ihn nicht nur äußerlich heilen lassen, sondern auch seine innere Balance stärken. So führte uns unser gemeinsamer Weg weiter – hin zu einer neuen, sanften Methode, die uns beide tief berühren sollte: dem Tellington Touch.

Bei uns im Stall wurde ein Kurs hierzu angeboten. Wir saßen alle auf dem Platz, hörten den Einführungsvortrag. Dann meinte die Trainerin, sie bräuchte ein Pferd aus dem Stall, das „nicht ganz einfach" ist – und alle zeigten auf mich. „Hol Joantos. Der ist doch immer so unruhig allein auf dem Platz!"

Also holte ich ihn. Und ja – er tänzelte, wieherte, war aufgebracht.

Die Trainerin übernahm ihn. Ruhig, gelassen, voller Präsenz. Sie stellte sich vor ihn, legte ihm die Hand auf die Stirn, begann sanft mit kreisenden Bewegungen. Ich sah, wie er anfing zu blinzeln. Sein Hals senkte sich leicht. Die Spannung fiel langsam von ihm ab.

Dann arbeitete sie sich weiter vor – über Hals, Schulter, Rücken. Immer mit leichten, runden Bewegungen. Und Joantos? Er stand plötzlich da, wie verwandelt. Atmete tief aus. Und ließ sich schließlich am langen Strick ruhig führen.

Ich war sprachlos. Und fasziniert.

Natürlich nahm ich am Folgekurs teil. Ich wollte das auch können. Ich lernte Griffe, Techniken, bekam ein Gespür dafür, wie viel Kraft ein Pferdeherz in der Handfläche spüren kann. Diese Erfahrung mit Joantos war ein Schlüssel – nicht nur für unser weiteres Miteinander, sondern auch für meine spätere Arbeit mit Pferden.

Unsere gemeinsame Zeit war voller Erlebnisse – mal leise und innig, mal wild und ungestüm, aber immer echt.

Wir gingen durch Höhen und Tiefen, durch Verletzungen und Sorgen, und durch so viele kleine wie große Glücksmomente, die sich für immer in mein Herz eingebrannt haben. Wir wuchsen miteinander, entwickelten Vertrauen, fanden einen Rhythmus. Aus einem Pferd und seiner Reiterin wurde ein echtes Team.

Doch das Leben bleibt nicht stehen.

Es kamen neue Wege. Neue Begegnungen.

Und dann kam die Liebe – tief, unerwartet, mit einer Kraft, die alles veränderte.

Ein Umzug stand bevor. Ein neuer Abschnitt begann. Und damit auch eine Entscheidung, die schwerer wog als alles, was ich bisher erlebt hatte.

Ich konnte Joantos nicht mitnehmen.

Die finanziellen Möglichkeiten waren begrenzt, und ich wollte meinem neuen Partner nicht die Verantwortung für mein Pferd aufladen. Es fühlte sich nicht richtig an – und doch war die Vorstellung, ihn herzugeben, kaum zu ertragen.

Ich suchte lange. Mit klopfendem Herzen. Aber schließlich fand ich sie – eine Familie, die ihn liebevoll aufnahm, die ihn sah, wie ich ihn sah, und bereit war, ihn mit offenem Herzen zu begleiten.

Der Tag des Abschieds kam. Ich stand an seiner Box, legte meine Stirn an seinen Hals, streichelte ihn und sah ihm in die Augen. Ich erzählte ihm alles, so gut ich konnte. Versprach ihm, dass er gut aufgehoben sein würde.

Und dann ließ ich ihn gehen.

Mit zitternden Händen, tränennassen Wangen – und einem Gefühl, als würde ich einen Teil meines Herzens zurücklassen. Denn genau das tat ich. Ich ließ mein Herz gehen.

Ja, ich habe Joantos verloren.

Aber durch diese Entscheidung durfte etwas Neues in mein Leben treten: Zwei wundervolle Töchter, die mich heute jeden Tag aufs Neue beschenken – mit Liebe, mit Leben, mit einem tiefen Sinn.

Und trotzdem bleibt Joantos ein Teil von mir.

Er hat mich geprägt. Getragen. Mich gelehrt, zu vertrauen – nicht nur einem Pferd, sondern auch mir selbst.

Auch wenn wir irgendwann getrennte Wege gingen, spüre ich ihn bis heute.

In vielen kleinen Momenten ist er wieder ganz nah: Wenn der erste Schnee fällt und die Luft so klar ist, dass man fast glaubt, sie könne Erinnerungen tragen. Wenn ich eine Karotte in der Jackentasche finde und lächeln muss. Oder wenn ich in einem anderen Pferd dieses besondere Feuer sehe – diese Mischung aus Stolz, Sensibilität und Lebensfreude.

Dann ist er da. Nicht sichtbar, aber spürbar. Ganz still, ganz tief. Mein Joantos. Er bleibt für immer in meinem Herzen – als Lehrer, Gefährte und als das Pferd, das meinen größten Traum wahr werden ließ.

Fazit

Joantos war mehr als nur ein Pferd. Er war die Erfüllung eines Kindheitstraums, mein Gefährte, mein Lehrer – und ein Spiegel meiner eigenen Entwicklung. Mit ihm habe ich gelernt, Verantwortung zu übernehmen, auf mein Bauchgefühl zu vertrauen und meinen eigenen Weg zu gehen. Wir haben gemeinsam Höhen erklommen und Rückschläge überwunden, sind gewachsen – aneinander, miteinander.

Er hat mich getragen, nicht nur körperlich, sondern auch emotional. Seine Energie, seine Sensibilität und seine Lebensfreude haben mich geprägt. Und obwohl unsere Wege sich irgendwann trennten, ist seine Wirkung geblieben.

Joantos war der Anfang von allem – von meinem Weg mit den Pferden, von meiner beruflichen Neuorientierung, von der tiefen Verbindung, die ich heute zu diesen wunderbaren Tieren habe. Er hat Spuren hinterlassen. Nicht nur in meinem Herzen, sondern auch in dem Menschen, der ich heute bin.

💡 Mein Lernmoment mit Joantos

Die Zeit mit Joantos hat mir gezeigt: Wirklich lieben heißt auch, loslassen zu können. Und wenn du ein Herz einmal berührt hast – bleibt es für immer ein Teil von dir.

Mit Joantos habe ich nicht nur Reiten gelernt – ich habe mich selbst kennengelernt. Was danach kam, hätte ich nie erwartet: Eine neue Welt. Eine neue Rolle. Und eine Tochter, die auf ihre eigene Weise den Weg zu den Pferden fand.

Kapitel 8

Die nächste Generation – Voltigieren und der Weg zur Trainerin

> *„Ein guter Lehrer zeigt dir den Weg, aber gehen musst du ihn selbst."*
> – Chinesisches Sprichwort

Ich zog mit der damaligen Liebe meines Lebens 200 Kilometer weit weg. Er war Berufssoldat, und so sollten in den kommenden Jahren einige Umzüge unser Leben prägen. Wir heirateten, und nach einem Auslandseinsatz meines Mannes kündigte sich der eigene Nachwuchs an. Unsere erste Tochter kam in der Oberpfalz zur Welt, knapp drei Jahre später unsere zweite Tochter in Berlin.

Zwischen den Geburten machte ich einen kurzen Ausflug in die Westernreiterei. Es war eine neue Erfahrung. Kein Turnierreiten, sondern auf Freizeitreiterbasis – aber genau das eröffnete mir noch einmal eine neue Perspektive: Ich lernte, wie wichtig der feine Einsatz der Gewichtshilfen wirklich ist. Leider war diese Zeit nur kurz, denn kaum war ich eingestiegen, kündigte sich auch schon unsere zweite Tochter an. Reiten musste wieder hintenanstehen.

Nach ihrer Geburt veränderte sich unsere Beziehung. Sie war nicht mehr, wie sie einmal war, und schließlich kam es zur Trennung. Ich zog mit meinen beiden Mädchen zurück in die Heimat.

Meine ältere Tochter hatte den Pferdevirus geerbt. Bei jedem Pferd, das sie sah, rief sie laut, dass sie dorthin wolle. Doch Reiten lernen mit vier Jahren? Ein „No-Go." Also erkundigte ich mich, wie man so kleinen Kindern den Kontakt zu Pferden ermöglichen konnte. Tatsächlich fand ich zwei Orte weiter einen Reiterhof, der Voltigieren anbot. Eigentlich erst ab fünf Jahren, aber mit viel Überzeugungskraft konnte ich eine Probestunde für Selina vereinbaren – schließlich war sie ja schon viereinhalb.

Selina fieberte ihrer ersten Voltigierstunde entgegen. Wir wurden herzlich von der Trainerin begrüßt. Anfangs stand Selina schüchtern neben den anderen Kindern, beobachtete das Geschehen in der Halle. Als sie selbst aufs Pferd sollte, wollte sie nicht allein hingehen. Also begleitete ich sie zur Longenführerin und half ihr aufs Pferd. Ich werde das Strahlen in ihrem Gesicht nie vergessen. Lucky, der große Fuchs, musste für sie wie ein Riese gewirkt haben, doch sie saß ruhig und konzentriert auf ihm und machte vorsichtig die Übungen nach, die sie zuvor beobachtet hatte. Die Trainerin war begeistert – und Selina durfte wiederkommen.

Bald ging es einmal pro Woche zum Voltigieren. Anfangs half ich Selina noch aufs Pferd, später ließ sie sich von der Longenführerin helfen. Doch wenn sie nicht auf dem Pferd war, war sie zurückhaltend und schüchtern. Auf dem Pferd jedoch – ein anderes Kind. Mutig, strahlend, voller Selbstvertrauen. Nach und nach freundete sie sich mit den anderen Kindern an, und ich wurde zur stillen Zuschauerin.

Im Winter fiel mir auf, dass die Kinder oft froren, wenn sie auf ihren Einsatz warteten. Ich sprach die Trainerin darauf an, und sie schlug kurzerhand vor, ich könnte doch das Bewegungsprogramm übernehmen. Das ließ ich mir nicht zweimal sagen. Erst an einem Tag, dann an zweien übernahm ich das Aufwärmprogramm und Übungen auf dem Holzpferd. Es machte mir Spaß.

Eines Tages fiel eine Longenführerin aus. Ich sollte einspringen. Ein mulmiges Gefühl begleitete mich, doch Lucky war brav und routiniert. Es lief gut. So gut, dass ich bald eine feste Gruppe übernahm. Das Bewegungsprogramm blieb – andere Helfer

übernahmen diese Rolle, während ich mich ums Pferd kümmerte.

Während Selina voltigierte, passte meine Mutter auf Lara auf.
Mit dreieinhalb Jahren wollte auch Lara unbedingt mitmachen.
Da ich Longenführerin war, durften wir sie mitlaufen lassen. So
verbrachten wir zwei Nachmittage pro Woche im Stall, lernten
das Voltigieren – und lebten den Traum vom Pferdesein.

Voltigieren war für uns nicht nur Sport. Es vermittelte Körper-
gefühl, Spannung, Koordination, Selbstvertrauen und Team-
geist. Die Mädels putzten die Pferde, führten sie zur Halle, waren ein Teil des Ganzen.

Doch meiner großen Tochter war das bald nicht mehr genug.
„Ich will richtig reiten lernen!" Ich musste schmunzeln. Ein klei-
nes Deja-vu. Ich erinnerte mich gut an meine eigene Kindheit.
Und ja – ich ließ mich schneller überzeugen als damals meine
Eltern.

Wir vereinbarten eine Reitstunde mit Lucky. Ich erklärte Selina,
dass Reiten mehr ist als „oben sitzen." Sie glaubte mir nicht –
und auch der Reitlehrerin nicht. Aber sie merkte es schnell. An-
traben an der Longe war schwierig. Das Leichttraben unge-
wohnt. Die Bewegungen ganz anders als beim Voltigieren. Aber
sie biss sich durch. Glücklich und erschöpft beendete sie die
erste Reitstunde.

Reiten kam nun zum Voltigieren hinzu. Doch bald stagnierte
der Fortschritt. Selina war gefrustet. Die Reitlehrerin schlug eine
Pause vor. Nach langem Überlegen stimmten wir zu. Drei Monate kein Reiten. Und als sie zurückkam? Es war, als hätte sie
nie pausiert. Sie ritt sicher, locker, galoppierte sogar alleine. Die
Reitlehrerin nahm die Longe ab, und bald durfte Selina in die
Reitgruppe wechseln.

Die erste Gruppenreitstunde war besonders. Ihr Pferd: Jonny. Die Halle geteilt, Hindernisse standen noch. Niemand hatte uns gesagt, dass Jonny gerne sprang. Als Selina im Galopp anritt, nahm Jonny direkten Kurs auf ein Hindernis – und sprang. Es war nicht hoch, aber es war ihr erstes Mal. Sie blieb oben, strahlte. Die Reitlehrerin war begeistert: „Aus dir wird mal eine Springreiterin."

Doch nicht nur Selina lernte dazu. Auch bei mir veränderte sich viel. Die Haupttrainerin gab das Voltigieren ab und fragte mich, ob ich übernehmen wolle. Ich sprach mit meinem neuen Partner, er unterstützte mich. Meinen Sohn nahm ich einfach mit. Er schlief im Kinderwagen oder spielte mit den Mädels. Doch für ihn war das nie wirklich spannend – der Pferdevirus ging an ihm vorbei.

Ich wollte das Training richtig machen. Also meldete ich mich für den Trainer-C-Lehrgang an. Ein Vorbereitungs-wochenende veränderte viel. Ich sah, wie wenig ich über korrektes Voltigieren wusste. Alles machte Sinn. Ich meldete mich an.

Bis zum Lehrgang dauerte es, deshalb absolvierte ich vorab den Trainerassistenten Reiten. Damit durfte ich Anfänger unterrichten. Dann endlich: der Trainer-C Voltigieren. Zwei Teile, sechs Wochen Vollzeit, zwei Tage Prüfung. Danach hielt ich stolz meine Urkunde in der Hand.

Ich änderte vieles in unseren Gruppen. Figuren wurden neu gelernt. Die Mädels zogen mit. Auch Selina half mit, als sie alt genug war. Unsere Fortgeschrittenengruppe wurde ambitioniert. Durch Kontakte vom Lehrgang wurden wir zu einem WBO-Holzbockturnier eingeladen.

Wir machten mit. Neue Erfahrungen: Kür auf dem Holzpferd, Hindernisparcours, Balanceaufgaben. Es war aufregend. Wir belegten Platz 5 von 8 und waren stolz. Beim nächsten Turnier traten zwei Mädels im Doppel an – und gewannen ihre Altersgruppe.

Was mich diese Zeit lehrte? Wenn man etwas wirklich will, schafft man es. Auch wenn man zwischendurch Geduld braucht. Manchmal muss man pausieren, um stärker zurückzukommen.

Diese Zeit prägte mich. Was gibt es Schöneres, als mit Pferden und Kindern zu arbeiten und beide miteinander zu verbinden?

Doch es gibt noch etwas Schöneres …

 Fazit

Manchmal beginnt eine neue Reise ganz leise. Was als kleine Entscheidung für mein Kind begann, öffnete eine Tür, die auch mich zurück zu meinem eigenen Weg führte. Im Staub der Reithalle, im Lachen der Kinder und im sanften Atem der Pferde entdeckte ich etwas wieder, das tief in meinem Herzen schlummerte: die Freude daran, mit Pferden und Menschen gemeinsam zu wachsen. Diese Zeit zeigte mir, dass der Weg nicht immer geradeaus verläuft. Manchmal braucht es Pausen, Umwege, Zweifel – doch genau darin liegen die wertvollsten Entwicklungen. Ich durfte erleben, wie Kinder durch Pferde Mut, Selbstvertrauen und Freude fanden – und wie auch ich mich Schritt für Schritt weiterentwickelte. Aus einem Traum für mein Kind wurde eine neue Leidenschaft für mich selbst. Und vielleicht ist das das Schönste an solchen Wegen: dass sie uns nicht nur wohin führen, sondern ein Stück weit zu uns selbst zurück.

💡 Mein Lernmoment aus dieser Zeit

- Was mich diese Zeit gelehrt hat? Wenn du etwas wirklich willst – und bereit bist, Geduld und Hingabe mitzubringen – dann kannst du alles schaffen.
- Auch wenn es mal Pausen braucht. Auch wenn es mal hakt. Du kommst zurück – gestärkt, gewachsen, mit Herz.
- Der Weg mit Pferden und Kindern braucht Geduld, Feingefühl – und die Bereitschaft, immer wieder neu auf beide einzugehen.
- Entwicklung geschieht nicht auf Knopfdruck – sie braucht Vertrauen, Zeit und den Mut, auch langsame Fortschritte wertzuschätzen.
- Manchmal wächst aus einem kleinen Anfang etwas, das nicht nur das Kind stärkt, sondern auch uns selbst auf eine tiefere Weise verändert.
- Wirkliche Stärke wächst nicht aus Erfolgsmomenten – sondern aus dem Mut, nach jeder Unsicherheit weiterzugehen.

Was mich damals noch nicht losließ: Ein eigenes Pferd. Nicht für die Kinder. Für mich. Aber was dann kam, war kein Ponytraum. Es war die ganz reale Herausforderung – mit einem Pferd, das ganz anders war als alle zuvor.

Kapitel 9

Ein neues eigenes Pferd und neue Herausforderungen

„Manchmal müssen wir loslassen, um Platz für das zu schaffen, was wirklich zu uns passt."
– Unbekannt

Es begann mit einem kleinen Spaß. Ich hatte endlich einmal wieder Zeit, meiner Tochter bei ihrer Reitstunde zuzusehen. Gemeinsam mit der Reitlehrerin scherzten wir herum, und was als Witz begann, wurde zur Idee: eine Mutter-Kind-Reitstunde. Außer mir waren noch zwei weitere Mütter dabei. Ich freute mich riesig darauf – endlich wieder im Sattel, nicht nur am Boden oder an der Longe.

Die Stunde war unspektakulär, aber wunderbar. Ich kam mit meinem zugeteilten Wallach sehr gut zurecht. Wir ritten einige Dressurlektionen, die er beherrschte, aber im normalen Schulunterricht kaum noch ging. Es machte mir solchen Spaß, dass wir für die darauffolgende Woche gleich die nächste Mutter-Kind-Stunde vereinbarten.

Nach dieser zweiten Stunde kam Susi, unsere Reitlehrerin, auf mich zu. Ob ich nicht Lust auf eine Reitbeteiligung hätte? Lust? Und wie! Ich hatte wieder Feuer gefangen. Susi berichtete von einem Pferd aus dem Nachbarstall, das eine Reitbeteiligung für zweimal die Woche suchte – Viva. Und das Schöne war: Susi konnte uns dort weiterhin Unterricht geben, und auch Selina durfte Viva reiten. Beim Kennenlerntermin stimmte die Chemie sofort, und wir starteten direkt mit der Reitbeteiligung: zweimal die Woche ums Pferd kümmern, reiten, pflegen. Oft waren alle drei Kinder mit im Stall, und wir genossen die gemeinsame Zeit.

Wenig später zog Viva in unseren Stall um, direkt dorthin, wo wir auch voltigierten. Perfekt! Selina konnte Viva nun auch in der Gruppenstunde bei Susi reiten, und beide genossen den Unterricht. Sogar beim Hofturnier durfte Selina mit Viva teilnehmen und wurde erfolgreich platziert. Ein wunderschöner Auftakt in ihre kleine Turnierkarriere.

Wir waren glücklich. Viva war ein tolles Pferd, Selina lernte viel, und die gemeinsame Zeit tat uns allen gut.

Dann kam dieser Montag. Beim Voltigieren sprach mich ein Reitlehrer an: Ich solle mir doch mal das neue Pferd im Schulstall anschauen – vielleicht sei er für den Voltigierunterricht geeignet. Nach der Stunde ging ich neugierig hin. Der Wallach wurde gerade geritten.

Und als ich ihn sah, stockte mir der Atem. Er sah aus wie Joantos. Nicht identisch, aber so ähnlich, als könnte er sein Sohn sein. Ich war sofort hin und weg.

Selina spürte meine Begeisterung und begann, mich zu bearbeiten: „Mama, den müssen wir kaufen!" Sie schrieb mir sogar eine Liste mit allem, was wir für ihn bräuchten – inklusive Bildern, Preisen und der großen Bitte Amson zu kaufen. Ich versprach, mich zu erkundigen. Was würde der Wallach kosten? Was die Box? Wir rechneten durch. Mit dem Geld aus dem Voltigierunterricht wäre es machbar – zwar keine große Urlaubsreise mehr, aber wie Selina so schön sagte:

„Unser Urlaub hat vier Beine."

Wir kauften Amson. Wie Joantos war er ein Traber. Ich wusste, worauf ich mich einließ. Ich wusste, dass man aus einem Traber ein wunderbares Reitpferd machen konnte. Und diesmal war ich nicht allein: Meine beiden Töchter waren voller Begeisterung mit an Bord.

Natürlich bedeutete das, dass wir der Reitbeteiligung auf Viva zeitlich nicht mehr gerecht werden konnten. Wir beendeten sie schweren Herzens, doch Amson tröstete uns schnell darüber hinweg.

Nachdem alle Formalitäten geklärt waren, zog Amson vom Schulstall in seine neue Box. Eine neue Shoppingtour war natürlich unvermeidlich: Ausrüstung, Sattler, Hufschmied, Tierarzt, Versicherung. Ich machte den Fehler, meine Mädels mit in den Reiterladen zu nehmen. Statt nur das Nötigste zu kaufen, landeten gleich drei Schabracken, mehrere Halfter, Bandagen und Stricke im Einkaufskorb. Bei der Trense setzte ich mich immerhin durch – es blieb bei einer.

Es begann eine wahre Sammelleidenschaft: Bei jeder Pferdemesse, jedem Anlass kam eine neue Schabracke dazu. Bald füllten sie ein ganzes Regal im Keller.

Da Amson schon im Stall stand, war ihm die Umgebung vertraut. Mit dem ausgeliehenen Sattel wagten wir am nächsten Tag die erste Reiteinheit. Die Mädels wollten natürlich zuerst. Ich  ließ ihnen den Vortritt. Amson war ein Goldstück. Er passte auf sie auf, trug sogar meinen Sohn beim geführten Ritt durch die Halle.

Er war ein Familienpferd. Ein Glücksgriff. Und als Freizeitpferd bereits gut ausgebildet. Meine Kinder lernten von ihm – im Sattel und im Umgang.

Da wir nicht täglich im Stall sein konnten, übernahm eine befreundete Familie eine Reitbeteiligung auf Amson. Es funktionierte gut. Manchmal kam Eifersucht bei den Mädels auf, aber insgesamt war es eine schöne Zeit.

Als unsere Reitlehrerin den Hof verließ, wechselten wir zur nächsten. Sie hatte einen eigenen Stalltrakt mit freier Box, und so zog Amson um. Wir hatten weiterhin Spaß mit ihm. Er war ohne Sattel reitbar, machte jeden Schabernack mit. Auch Ausritte funktionierten gut. Sogar in den Bach wagte er sich mit Selina.

Doch dann verletzte er sich an der Sehne. Drei Monate lang durfte er nur im Schritt geführt werden. Er war brav, machte alles mit. Auch in der nächsten Phase, als er wieder traben durfte, war er zuverlässig. Dennoch verlor die Reitbeteiligung das Interesse und stieg aus.

Nach der Genesung gaben wir ihn in Teilberitt. Doch irgendetwas hatte sich verändert. Amson war nicht mehr derselbe. Er wurde unberechenbar. Selina stürzte mehrmals. Er bockte, galoppierte kopflos durch die Halle. Einmal stürzte er sogar mit mir, weil er flüchten wollte.

Der Wendepunkt kam bei einem gemeinsamen Ausritt. Ich hatte mir ein Schulpferd ausgeliehen. Es sollte ein gemütlicher Ritt werden. Plötzlich machte Amson eine 180-Grad-Wendung und raste zurück zum Stall. Selina konnte ihn gerade noch in den Trab bringen, sprang ab und hielt ihn fest. Ich war geschockt. So etwas durfte nicht passieren. Ich sprach mit unserer Reitlehrerin. Ich bat sie, Amson eine Weile zu übernehmen. Entweder er fängt sich wieder – oder wir müssen ihn abgeben.

Sie ritt ihn. Und kam zu dem Schluss: Das Pferd ist völlig durch den Wind. Er raste ohne Kontrolle durch die Halle, reagierte auf nichts.

Die Entscheidung war gefallen. Wir mussten uns von Amson trennen.

Unsere Reitlehrerin riet mir, mit dem Besitzer des Reitschulbetriebes zu sprechen. Vielleicht könnten wir tauschen. Sie hatte sogar einen Kandidaten: einen braunen, eleganten Wallach mit Springausbildung. Caparo.

Wir gingen zum Schulstall – und da stand er. Groß, edel, ruhig. Beim Probereiten war schnell klar: Das ist er. Wir einigten uns auf einen fairen Deal. Wir legten noch etwas drauf, aber Caparo war es wert.

💡 Mein Lernmoment aus dieser Zeit

- Ein eigenes Pferd bringt große Freude – aber auch große Verantwortung.
- Entscheidungen sollten nie nur aus dem Herzen, sondern auch mit einem klaren Blick für Sicherheit getroffen werden.
- Manchmal ist Loslassen der größte Liebesbeweis – gegenüber dem Pferd und den eigenen Kindern.
- Jedes Pferd hat seine Geschichte, seine Eigenheiten. Es ist wichtig, diese zu erkennen – und zu respektieren.
- Kinder lernen mit Pferden nicht nur reiten, sondern auch Mitgefühl, Achtsamkeit und Stärke.
- Nicht jeder Weg führt direkt zum Ziel – aber jeder Schritt prägt den weiteren Weg.

Wir hatten viel erlebt – viel gewonnen, einiges losgelassen. Die Entscheidung, Amson abzugeben, war schwer, aber notwendig.

Und doch spürte ich: Etwas Neues begann.

Mit Caparo zog nicht nur ein anderes Pferd bei uns ein – sondern auch eine neue Energie. Ein Pferd, das Selina auf eine Weise abholen sollte, wie wir es kaum zu hoffen gewagt hatten.

Aber das – ist eine neue Geschichte.

Kapitel 10

Unfall, Angst, Neuanfang – Die Kraft der Bodenarbeit

*„Manchmal ist nicht der Sturz das Schlimmste –
sondern das, was er in uns auslöst."*
– Unbekannt

Caparo zog in die Box von Amson – und auch diesmal mussten ein passender Sattel und eine neue Trense besorgt werden. Dank geliehener Ausrüstungsgegenstände konnten wir aber direkt mit dem Reiten weitermachen. Es war einfach herrlich – Caparo war brav, unkompliziert und völlig ohne Vorkommnisse zu reiten. Endlich erlebten wir wieder einen unbeschwerten Alltag mit unserem Pferd – das erste Mal seit langer Zeit fühlte sich alles wieder richtig an.

Ich entschied mich, Caparos Hufeisen von einem Fachmann abnehmen zu lassen und ihn auf Barhuf umzustellen. Damals wurde ich dafür belächelt. „Wie kannst du das nur machen? Das ist ein Sportpferd, der braucht doch Hufeisen!", wurde ich gefragt. Doch ich blieb bei meiner Entscheidung: „Wir probieren das jetzt, und wenn Caparo Probleme bekommen sollte, kann ich immer noch Eisen draufmachen." Aber er hatte keinerlei Probleme – ging keinen Tag lahm oder fühlig – und wir haben diesen Schritt nie bereut. Es war fast so, als hätte auch er diese Entscheidung begrüßt.

Caparo war von uns allen zu reiten – selbst mein kleiner Sohn konnte problemlos mit ihm umgehen. Er war sehr menschenbezogen, suchte regelrecht unsere Nähe, liebte es, den Kopf an uns zu lehnen und sich kraulen zu lassen. Gegenüber anderen Pferden war er dagegen oft distanziert. Beim Fressen verstand er keinen Spaß: Die benachbarten Pferde wurden angegiftet, wenn sie ihm zu nah kamen. Doch wir kannten seine Eigenheiten und wussten, wie wir damit umgehen mussten – Abstand halten genügte. Besonders mit Füchsen verstand er sich prächtig, er schien sie regelrecht zu mögen, manchmal standen sie minutenlang nebeneinander und betrieben gegenseitige Fellpflege. Solche Momente waren einfach nur schön und berührten mich tief.

Caparo lehrte uns viel – vor allem, genau hinzusehen und zuzuhören. Als wir einen neuen Sattel kauften, vergaßen wir, dass sich dieser mit der Zeit absenkt und nachgepolstert werden muss. Durch das regelmäßige Springtraining veränderte sich zudem Caparos Muskulatur, was eine Sattelanpassung nötig gemacht hätte. Doch wir merkten es erst, als Caparo beim Reiten plötzlich anfing auszuschlagen und zu bocken. Die Reitlehrerin meinte, das würde sich geben, wenn man ihn einfach „drüber hinweg reitet." Doch das fühlte sich nicht richtig an. Erst eine Freundin gab uns den entscheidenden Tipp, den Sattel überprüfen zu lassen – und siehe da: Er passte nicht mehr. Nach dem Besuch des Sattlers und der fachgerechten Anpassung lief Caparo wieder wie ein Uhrwerk – als wolle er sagen: „Danke, dass ihr endlich hingeschaut habt."

Selina war inzwischen so weit fortgeschritten, dass sie das Reitabzeichen 5 machen konnte – und ritt sowohl Dressur- als auch Springteil mit Caparo souverän. Ich war mächtig stolz auf die beiden.

Doch dann kam ein Tag, der vieles veränderte. Selina ritt Caparo, während ich gerade Reitunterricht gab. Plötzlich kam sie völlig aufgelöst in die Halle – Caparo hatte sie abgeworfen. Es war nichts Dramatisches, sie war durch ein paar Bocksprünge vor dem Sattel gelandet, und als er schließlich anhielt und den Kopf senkte, rutschte sie den Hals hinunter. Aber sie war enttäuscht und sauer auf ihn. Ich nahm das Ganze zunächst gelassen – Pferde haben eben ihren eigenen Kopf, zudem war der Sattel doch erst überprüft worden. Caparo sollte trotzdem noch bewegt werden, also stieg ich auf – in Jeans, aber immerhin mit Stiefeletten.

Im Schritt und Trab war alles in Ordnung, doch beim Angaloppieren fing Caparo wieder an zu bocken. Ich hob gefühlt einen Meter vom Sattel ab, stoppte ihn nach zwei weiteren Bocksprüngen und spürte sofort: In meiner linken Hand stimmt etwas nicht. Die Hand war geschwollen, schmerzte stark – und irgendwie rutschte ich mehr vom Pferd, als dass ich elegant abstieg. Zu Hause ging es direkt weiter ins Krankenhaus. Diagnose: Zwei gebrochene Mittelhandknochen. Am nächsten Morgen folgte die OP. Was für ein Sch...! Ich war ja nicht einmal heruntergefallen, sondern nur mit der Hand auf den Sattelbaum geknallt! Seitdem steige ich nicht mehr ohne Reithose in einen Sattel – diese Lektion war mir schmerzhaft eingebrannt.

Damit war ich für längere Zeit außer Gefecht. Unsere Reitlehrerin übernahm Caparo in Vollberitt. Sechs Wochen später durfte ich wieder aufs Pferd – doch das unbeschwerte Reiten war verschwunden. Schritt und Trab funktionierten, aber der Galopp war eine Katastrophe. Ich hatte Angst. Eine tiefe, lähmende Angst. Und Caparo spürte das. Ich versuchte es immer wieder, aber es funktionierte einfach nicht. Auch Selina bemerkte, dass Caparo begann, nach anderen Pferden auszuschlagen, wenn diese ihm zu nahe kamen – und in seinem Fall hieß das: mindestens zwei Pferdelängen Abstand.

Doch nicht nur ich kämpfte mit der neuen Unsicherheit – auch Selina hatte zunehmend Schwierigkeiten mit Caparo. Und trotzdem gab sie nicht auf. Sie hielt fest an ihrem Traum, glaubte an ihren Partner. Für das jährliche Turnier bei uns am Hof meldete sie sich mutig an – eine E- und eine A-Dressur. Caparo wurde auf Hochglanz geputzt, Selina trug stolz ihre neue Turnierkleidung. In ihren Augen lag Aufregung, gepaart mit leiser Hoffnung. Ein Kribbeln lag in der Luft – dieser Tag sollte etwas Besonderes werden.

Doch schon beim Abreiten war spürbar: Die Bedingungen würden es ihnen nicht leicht machen. Die Halle war voll, die Pferde drängten sich – kein Raum für Caparos Bedürfnis nach Abstand. Als ein fremdes Pferd frontal auf ihn zukam, erschrak er, sprang panisch zur Seite und galoppierte kopflos davon. Ich sah ihn – seine Augen, sonst dunkel und ruhig, weit aufgerissen, voller Angst. Weiß statt Vertrauen. Mein Herz zog sich zusammen. Ich reagierte sofort, eilte in die Halle, nahm ihn am Zügel – und führte ihn hinaus. An einen Start war so nicht mehr zu denken.

Wir entschieden, in den Longierzirkel zu gehen. Dort beruhigte sich Caparo allmählich und wir beschlossen, dass sie die E-Dressur mitreiten. Selina, an zweiter Stelle der Abteilung, war voller Mut und Hoffnung. Und tatsächlich, es lief erstmal alles gut. Doch bei der Schlangenlinie war es wieder da – das Unbehagen, die Spannung, die Angst. Caparo begann zu bocken, schlug aus. Ich hielt den Atem an. Doch Selina blieb oben, blieb ruhig, blieb bei ihm. Und sie ritt die Lektion zu Ende – mit Würde, mit Stärke.

Im Protokoll stand später nur ein Wort: „Ungehorsam." Letzter Platz. Doch für uns war dieser Ritt mehr als jede Schleife – er war ein Zeichen von Vertrauen, von Zusammenhalt, von innerer Größe. Für uns war sie eine Siegerin.

Daraufhin entschieden wir, auf die A-Dressur zu verzichten. Als wir das der Reitlehrerin mitteilten, eskalierte es. Sie warf uns vor, Selina hätte zu wenig Unterricht. Ich erwiderte ruhig: „Selina nimmt regelmäßig Unterricht. Ich erwarte nicht den Sieg, aber dass sie zusammen eine E-Dressur ruhig durchreiten können."

Doch dieser Tag offenbarte noch etwas anderes. Nach dem Turniereinsatz stellten wir Caparo auf seine Winterkoppel neben die anderen Dressurpferde auf ihren Koppeln - später wollten wir ihn wieder reinholen. Doch als wir kamen, stand er allein in seiner Box. Auf meine Frage, warum, hieß es: „Er macht die

anderen unruhig – er geht allein raus, und wenn die anderen
rauskommen, muss er rein."

Diese Information rüttelte mich wach. Einerseits sah ich seine
Panik vor fremden Pferden, andererseits fehlte ihm Sozialkontakt. Ich musste etwas ändern. Ich sprach mit der Stallbesitzerin,
bat darum, Caparo in der kommenden Saison in eine Koppelgruppe zu integrieren. Sie fand die Idee gut – es bedeutete aber
auch: ein Umzug in einen anderen Stalltrakt, weg von den hoch-
karätigen Dressurpferden, die einzeln standen.

Wir stimmten zu. Noch war keine Koppelsaison, aber allein der
neue Stalltrakt tat ihm gut. Neue Nachbarn, mehr Leben – nie
wieder war er allein. Als er schließlich regelmäßig mit anderen
Pferden draußen war, wurde auch das Reiten entspannter.
Pferde aus seiner Herde durften in seine Nähe – fremde nicht.
Doch wir wussten nun: Haltung ist entscheidend. Und fragten
uns: War das bei Amson vielleicht auch der Auslöser für all die
Probleme gewesen?

Auch wenn Caparo nun unter dem Sattel wieder berechenbarer
wurde, ritt ich ihn nur noch selten – meine Angst vor dem Galopp war wie ein unsichtbarer Schatten, der mich festhielt. Statt-
dessen longierte ich ihn viel, ließ ihn laufen, beobachtete ihn dabei genau. Es war meine neue Art, mit ihm in Kontakt zu treten
– nicht weniger intensiv, nur anders. Und oft schien er mich
dabei ganz bewusst zu beobachten, als wolle er sagen: „Ich ver-
stehe dich."

Ein Wendepunkt kam, als ich im Rahmen meiner Trainerlizenz-
verlängerung an einem Lehrgang teilnahm. Ein Kursteil wid-
mete sich der Bodenarbeit – mit Stangen, Schreckhindernissen
und neuen Perspektiven auf die Kommunikation mit dem Pferd.
Ich war sofort fasziniert. Die Referentin vermittelte mit Begeisterung und Ruhe, wie viel sich durch gezielte Bodenarbeit verändern lässt – nicht nur beim Pferd, sondern auch bei uns Menschen.

Kurz darauf bot sie einen Kurs zur Vorbereitung auf das neue Bodenarbeitsabzeichen an – und ich meldete mich sofort an. Es war der Erste seiner Art, und wir alle – sowohl Teilnehmer als auch Schulpferde – lernten gemeinsam. Was ich in diesen Tagen erlebte, veränderte meine Sicht auf den Umgang mit Pferden grundlegend. Es war, als öffnete sich eine Tür zu einer anderen Welt: voller Möglichkeiten, feiner Kommunikation und gegenseitigem Verstehen. Ich wollte mehr davon.

Nicht lange danach folgte die Trainer-Ergänzungsqualifikation Bodenarbeit. Ich stürzte mich mit Feuereifer hinein, sog alles auf, was ich lernen konnte. Mit Caparo als meinem Partner probierte ich jede neue Übung aus – von einfachen Führübungen über Desensibilisierung bis hin zu den ersten Schritten der Freiarbeit. Ich lernte, wie sehr unsere Körpersprache 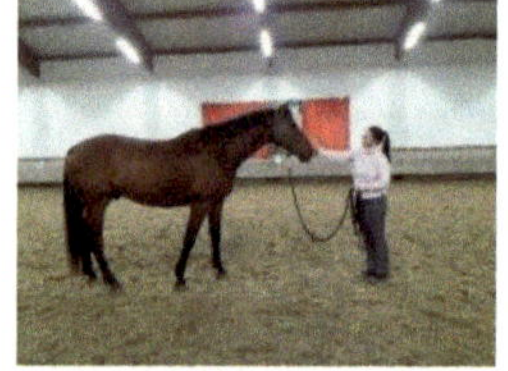 wirkt, wie ein bewusst gesetzter Schritt mehr sagt als viele Worte.

Die Veränderungen waren nicht nur bei mir spürbar. Auch Caparo wurde weicher, aufmerksamer, ruhiger. Unsere Beziehung vertiefte sich. Andere am Stall bemerkten es ebenfalls: „Der ist ja wie ausgewechselt!“ hörte ich öfter. Und es stimmte – wir waren beide gewachsen.

Mit Abschluss der Ausbildung bat ich die Stallbesitzerin, Bodenarbeit als Unterricht anbieten zu dürfen. Sie stimmte zu. Anfangs war die Resonanz verhalten. Einige belächelten das Ganze, fanden es unnötig oder gar albern. Doch es fanden sich ein paar neugierige Reiterinnen, die sich samstagabends mit ihren Pferden auf neue Wege einließen. Wir übten an Führpositionen, an der Gelassenheit, an Seitengängen – und wagten erste Schritte in der Freiarbeit. Wir wurden zu einer kleinen, eingeschworenen Truppe – manchmal belächelt, aber mit Herz und Überzeugung dabei.

Mit jeder Einheit entwickelte ich mehr Gespür dafür, was Pferd und Mensch wirklich brauchten. Besonders in Erinnerung blieb mir meine Freundin Heike, die eines Abends zaghaft fragte, ob ich ihr mit ihrem Murmel helfen könne. Wir gingen gemeinsam in den Roundpen. Sie zeigte mir, was sie mit ihm konnte, traute sich aber nicht, ihn vom Strick zu lassen. Ich fragte sie: „Was glaubst du, was passiert, wenn du ihn losmachst?" – Heike zuckte mit den Schultern. „Ich weiß es nicht. Ich habe mich noch nie getraut."

Also wagten wir es. Murmel schritt los, spürte die Freiheit, machte ein paar ausgelassene Bocksprünge – und kam dann ruhig zurück zu ihr. Ich sah Tränen in ihren Augen. Tränen des Glücks, der Rührung, der tiefen Verbindung. Sie nahm weiterhin regelmäßig Unterricht bei mir – und heute unterrichtet sie sogar selbst Bodenarbeit. Ich bin unendlich stolz, sie ein Stück auf diesem Weg begleitet zu haben.

Auch Caparo und ich wuchsen weiter zusammen. Unsere Verbindung wurde intensiver, stiller, aber dafür umso kraftvoller. Ein Lehrgang bei einem renommierten Trainer in Niederbayern sollte ein weiteres Highlight werden. Es war ein Wochenendkurs mit Übernachtung. Wir lernten viel, tauschten uns aus, bekamen neue Impulse. Doch am zweiten Tag, gegen Ende des Kurses, merkte ich: Diese Methode passte nicht zu Caparo. Ich spürte seinen Widerstand – nicht heftig, aber klar. Und ich hörte darauf. Ich brach den Kurs ab. Nicht trotzig, sondern in dem Bewusstsein, dass mein Pferd mir etwas Wichtiges mitteilte. Ich bin bis heute stolz auf diese Entscheidung.

Meine Tochter sagte später zu mir: „Ich kann Caparo besser reiten – aber das Vertrauen, das er dir schenkt, ist einzigartig. Da kommt keiner ran."

⟲ Fazit

Dieses Kapitel war eines der prägendsten meiner Pferdelaufbahn. Aus einem funktionalen Umgang mit dem Pferd – Reiten, Korrektur, Turnierziele – wurde eine tiefe Verbindung. Caparo war mein Lehrer, mein Spiegel, mein Prüfstein. Er zeigte mir, wie sehr Pferde auf unsere innere Haltung reagieren, wie viel Weisheit in feinen Signalen steckt – und wie wichtig es ist, ihnen wirklich zuzuhören.

Bodenarbeit war unser Schlüssel. Nicht, weil sie spektakulär ist – sondern weil sie Verbindung schafft. Ich bin Caparo unendlich dankbar: für sein Vertrauen, seine Geduld, seine Klarheit. Ohne ihn hätte ich viele Wege nie entdeckt. Und ich glaube: Auch wenn er es nicht in Worte fassen kann – er weiß, dass wir sie gemeinsam gegangen sind.

💡 Mein Lernmoment aus dieser Zeit

- Der größte Fortschritt geschieht oft nicht im Sattel – sondern am Boden.
- Pferde kommunizieren deutlich – wenn wir bereit sind, hinzuschauen.
- Bodenarbeit ist mehr als Training – sie ist echte Beziehungspflege.
- Ängste dürfen da sein – aber sie sollten nicht unsere Wege bestimmen.
- Vertrauen entsteht leise – Schritt für Schritt.

Die Verbindung zu Caparo wurde durch die Bodenarbeit nicht nur gerettet – sie wurde vertieft. Und sie war die Grundlage dafür, dass ich einem neuen Kapitel offen begegnen konnte. Ein neues Pferd, ein besonderes Mädchen – und die Frage, was entsteht, wenn man loslässt und vertraut.

Kapitel 11

Von Herausforderungen zu Herzensverbindungen

„Manche Pferde wählen uns — und nicht umgekehrt."
— Unbekannt

Wie schon beschrieben, wurden Caparo und ich im täglichen Umgang ein echtes Dreamteam, während Selina im Sattel von Woche zu Woche sicherer und besser wurde. Für sie stand bald fest: Nach der Schule wollte sie eine Ausbildung zur Pferdewirtin machen. Ich war mir zunächst nicht sicher, ob das der richtige Weg für sie war. Aber mal ehrlich – wie viele Menschen arbeiten tatsächlich in dem Beruf, den sie ursprünglich gelernt haben? Ich jedenfalls nicht. Und dennoch verstand ich Selina gut. Auch ich war inzwischen in der Pferdewelt angekommen, leitete Voltigiergruppen, gab Bodenarbeitsunterricht – mein Herzenshobby war längst zu meiner Berufung geworden. Also stand ich hinter ihrer Entscheidung und unterstützte sie.

Ein Praktikum am eigenen Hof bestärkte Selina in ihrem Wunsch, und von da an verbrachte sie jede freie Minute bei ihrer Trainerin im Stall. Und wie das Leben manchmal spielt, kam mit der Arbeit auch die Liebe – in Form eines jungen, dunkelbraunen Wallachs, der zum Einreiten in den Stall gekommen war.

Von Anfang an durfte Selina bei seiner Ausbildung mithelfen. Ich erinnere mich genau: Es war zwischen Weihnachten und Neujahr, als sie beim Freispringen half und mir ein Video schickte. Darauf zu sehen: dieser Wallach, der mit beeindruckender Leichtigkeit und Elastizität über die Hindernisse flog. Und darunter stand: „Der ist zu verkaufen." Mein erster Gedanke: Der ist sicher viel zu teuer. Doch ich erkundigte mich trotzdem – ich sah ja, wie sehr dieser junge Wallach Selinas Herz berührte.

Ich sprach mit ihrer Trainerin, die die Idee ebenfalls gut fand: Selina könnte mit ihm gemeinsam durch die Ausbildung zur Pferdewirtin gehen. Preislich war Caddy – wie er bei uns schon genannt wurde – nicht gerade günstig, aber ich konnte ihn kaufen. Die Kaufverhandlungen liefen heimlich hinter Selinas Rücken, denn ihr Geburtstag stand kurz bevor – und ich wollte ihr Caddy schenken.

Auch Selinas Trainerin war in die Überraschung eingeweiht. Wir vereinbarten, dass Selina für das Wochenende vor ihrem Geburtstag die Aufgabe bekam, sich intensiv um den Wallach zu kümmern – ihn zu pflegen, laufen zu lassen, Zeit mit ihm zu verbringen. Was sie nicht wusste: Caddy gehörte zu diesem Zeitpunkt bereits uns. Der Kauf war längst abgeschlossen, und es war schwer für mich, mir nichts anmerken zu lassen. Selina war unglaublich stolz, dass sie sich das ganze Wochenende um ihn kümmern durfte – für sie war es eine besondere Ehre, für mich ein ganz besonderer Moment des Wartens.

Als sie Caddy im Roundpen laufen ließ, kam eine andere Reitlehrerin vorbei und fragte beiläufig, ob das der junge Wallach sei, der zum Verkauf stehe. Selina antwortete leise „ja.“ „Der hat aber schöne Gänge“, meinte die Reitlehrerin, „da muss ich mich mal näher erkundigen.“ In Selinas Gesicht konnte ich später lesen, wie sehr sie das verunsichert hatte. Sie ahnte ja nicht, dass Caddy längst zu unserer Familie gehörte.

Währenddessen liefen im Hintergrund alle Vorbereitungen für ihren großen Tag. Auch die Stallbesitzerin war eingeweiht und gab mir das zukünftige Boxenschild für Caddy – mit Selina als eingetragener Besitzerin. Dieses Schild versteckte ich heimlich in ihrer Schultasche. Am Montagmorgen wünschte ich ihr einen schönen Geburtstag und schenkte ihr ein neues Halfter. Als sie ihre Sachen einpackte, hörte ich sie plötzlich aus dem Flur rufen:

„Nein, was ist das denn? Das ist jetzt nicht wahr – doch… oh Mann!" Als ich zu ihr kam, stand sie mit Tränen in den Augen da – und warf sich mir überglücklich in die Arme.

Am liebsten wäre sie sofort in den Stall gefahren, doch sie musste natürlich erst noch in die Schule. Ich versprach ihr, gleich nach dem Unterricht mit ihr zu Caddy zu fahren. Das Halfter war selbstverständlich für ihn gedacht. Wir fuhren endlich in den Stall und dort wurden wir mit viele überraschte Gesichter begrüßt, denn kaum jemand wusste von unserem Plan. Caddy durfte direkt in die Box neben Caparo einziehen. Und so standen unsere beiden Pferde nun Seite an Seite – vereint wie ihre Reiterinnen.

Der Wallach – Caddy – war etwas ganz Besonderes. Sehr menschenbezogen, aber extrem anhänglich gegenüber anderen Pferden. Alleinsein war für ihn ein Graus. Sobald er seine Herde oder wenigstens ein anderes Pferd aus den Augen verlor, wurde er nervös. Umso glücklicher waren wir, dass Caddy die Box neben Caparo beziehen durfte. Die beiden wurden schnell unzertrennlich – auf der Koppel, beim Reiten, im Stall. Reiteten Selina und ich nebeneinander, berührten sich unsere Beine, so dicht gingen die zwei miteinander. Caddy orientierte sich sehr an Caparo, was das eigenständige Arbeiten anfangs schwierig machte. Erst wenn Caparo im Trab war, konnte auch Selina mit Caddy vernünftig arbeiten.

Caddy war ein sensibler Charakter. In der einen Halle fürchtete er eine bestimmte Ecke, in der anderen war es die lange Seite mit Zuschauerbereich. Er wich aus, sprang zur Seite – und obwohl man dachte, er hätte es irgendwann gelernt, war es beim nächsten Mal wieder anders. Für die Dressur war das problematisch, im Springen eher verzeihlich. Schnell war klar: Caddy ist ein Springpferd.

Während Selina ihn mit Unterstützung ausbildete, wuchs Caddy – und das nicht nur in der Verbindung zu ihr. Auch körperlich schien er sich von Woche zu Woche zu verändern: mal harmonisch, mal unförmig, dann wieder wie aus dem Bilderbuch. Als er zu uns kam, konnte ich locker über seinen Rücken sehen. Später musste ich mich strecken, um mit der Hand seinen Widerrist zu erreichen.

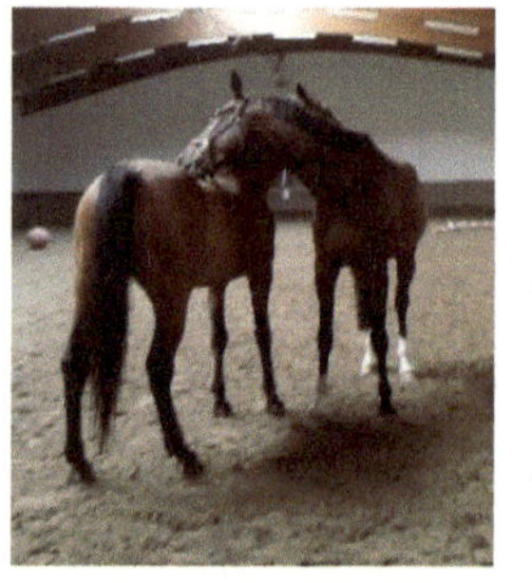

Caddy und Caparo wurden ein Herz und eine Seele. Nur beim Fressen hörte die Freundschaft auf – das blieb Caparos heiliger Bereich. Doch irgendwann ließ er sogar Caddy aus seinem Trog mitfressen. Der kleine Bruder war zum gleichrangigen Partner geworden.

Selina hatte mittlerweile die Schule abgeschlossen und wenn es auch erstmal nicht mit einem Ausbildungsplatz klappen wollte – so konnte sie auf unserem Hof ein längeres Praktikum machen. Und durch Glück bot sich nach einiger Zeit auch die Möglichkeit die Ausbildung zur Pferdewirtin zu machen.

Dann kam der Tag, an dem Caddy sein erstes Auswärtsturnier gehen sollte. Da wir auf dem Rückweg noch ein anderes Pferd mit in unseren Stall nehmen wollten, entschieden wir uns, ihn zum ersten Mal allein zu verladen und zu fahren. Keine gute Idee, wie sich später herausstellen sollte.

Während der Fahrt rumpelte es plötzlich im Hänger. Wir wollten noch den Berg hinunterfahren, um unten auf dem Parkplatz anzuhalten und nachzusehen. Ich bat meine Freundin, sie solle bitte einmal schauen, ob sie Caddy im Fenster des Hängers sehen kann. Da sagte sie völlig trocken: „Der schaut hinten raus." Ich war mir sicher, dass sie scherzte – bis sie nach einer kurzen Pause nur noch sagte: „Jetzt ist er weg."

Caddy war unterwegs aus dem Hänger gesprungen. Auf der Straße. Mitten während der Fahrt.

Mein Herz blieb stehen. Panisch fuhr ich auf den Parkplatz. Noch bevor das Auto ganz stand, war Selina bereits hinausgesprungen und lief los. Ich hinterher. Tausend Gedanken rasten gleichzeitig durch meinen Kopf. Hat er sich verletzt? Wo läuft er nur hin? Wie fangen wir ihn wieder ein?

Und dann geschah ein kleines Wunder. Er wieherte – und bekam Antwort. Oben am Berg war ein kleiner Privatstall. Ohne zu zögern lief Caddy genau in diese Richtung, stellte sich zu den fremden Pferden ans Koppelgatter und begann seelenruhig zu grasen. Als wäre nichts gewesen.

Wie er es geschafft hatte, sich aus dem Halfter zu winden, die Trennwand auszuheben und aus der Hängerklappe zu springen – wir wissen es bis heute nicht. Er hatte nur ein paar Kratzer, aber die Lektion saß tief: Ab sofort wurde auf beiden Seiten angebunden, das Halfter angepasst – und eine Kamera im Hänger installiert. Fortan fuhr Caddy nie wieder allein, Caparo wurde sein treuer Reisebegleiter.

Aber nicht nur das Hängerfahren war eine Herausforderung. Auch im Umgang zeigte sich: Druck war bei Caddy keine Lösung. Wollte man ihn irgendwohin führen, wo er nicht hinwollte, stieg er. Führte man ihn von der Koppel weg, riss er sich los. Unter dem Sattel dasselbe: Druck erzeugte Gegendruck. Nur mit Ruhe und Vertrauen war an Arbeit zu denken. Auf Turnieren reichte manchmal ein Sprung in Richtung Zuschauer, und er verweigerte. Zuhause war alles kein Problem – aber die Atmosphäre beim Turnier war oft zu viel.

Selina und Caddy wurden dennoch ein eingespieltes Team. An guten Tagen mit passendem Parcours lieferten sie großartige Runden ab. Am meisten stresste ihn jedoch das Alleinsein. Putzen, Reiten, Hängerfahren – all das funktionierte, solange ein anderes Pferd in seiner Sichtweite war. Ein echter Herdenhengst.

Wir wussten wir müssen etwa ändern, dass auch Caddy zur Ruhe kommen kann.

 Fazit

Manche Pferde kommen nicht einfach in unser Leben – sie finden uns, wenn wir bereit sind, wirklich hinzusehen.
Caddy war eines dieser Pferde.
Er hat unsere Geduld geprüft, unsere Herzen berührt und uns auf eine Weise wachsen lassen, die wir nicht hätten planen können.
Er erinnerte uns daran, dass wahre Verbindungen im Vertrauen entstehen, nicht im Training.
Und dass manches Geschenk leise kommt – aber für immer bleibt.

💡 Lernmoment mit Caddy

- Jedes Pferd bringt seine ganz eigene Geschichte mit – und lädt uns ein, sie mit Herz und Geduld zu entdecken.
- Sensible Pferde fordern uns auf besondere Weise – nicht durch Leistung, sondern durch ihr Bedürfnis nach Sicherheit und Vertrauen.

- Wahres Verständnis beginnt nicht im Reitplatz – sondern im Stall, am Boden, im Miteinander.
- Nicht jedes Pferd passt in jedes Konzept – es liegt an uns, seinen Weg zu sehen und mitzugehen.
- Manchmal zeigt uns ein Pferd nicht, wie wir es „trainieren" können, sondern wie wir uns selbst verändern dürfen.

Was als nächster Schritt begann – ein Stallwechsel – wurde viel mehr als nur ein Ortswechsel. Es wurde ein neues Lebensgefühl. Für uns. Für unsere Pferde. Und für unsere gemeinsame Zukunft. Doch wie genau es dazu kam, erfährst du im nächsten Kapitel...

Kapitel 12

Neue Wege in der Pferdehaltung – Was Caddy wirklich brauchte

„Nicht jedes Pferd passt in jede Haltung – aber jedes Pferd verdient einen Platz, an dem es auf-atmen kann."
– M.W.

Nach all den Herausforderungen mit Caddy – seiner Sensibilität, der Angst vorm Alleinsein, den schwierigen Hängertouren, der Reizüberflutung auf Turnieren – wurde uns eines immer klarer: Nicht Caddy musste sich verändern. Sondern wir mussten die Welt um ihn herum anpassen.

Es gab diese Schlüsselmomente. Einen davon werde ich nie vergessen: Caddy war wie so oft vor den Boxen am Putzplatz angebunden. Drinnen in seiner Box hatte sich Caparo hingelegt und war damit für Caddy nicht mehr sichtbar. Innerhalb von Sekunden war Caddy kaum noch zu halten. Er tänzelte, zerrte, stieg beinahe – nicht aus Trotz, sondern aus echter Verzweiflung.
Da mischte sich ein unbeteiligter Beobachter ein und sagte: „Der bringt dich noch um."

Doch in mir meldete sich eine andere Stimme: „Er schreit nicht nach Erziehung. Er schreit nach Sicherheit.

Und so begann unser Umdenken.

Wir hielten Ausschau nach einem neuen Stall – einem Ort, der mehr war als nur eine Box mit Reitplatz. Und wie so oft, wenn man wirklich bereit ist für Veränderung, kam sie fast wie von selbst. Ein Hof, nur zehn Minuten von zu Hause mit dem Rad entfernt. Ein Stall mit gemischter Herdenhaltung in großzügigen Offenstallbereichen und Boxen für die Nacht, Weidegang, Heu rund um die Uhr. Eine Herde von 15 bis 18 Pferden. Keine Reithalle, aber ein Reitplatz und ein Longierzirkel – nicht viel Luxus, aber vielleicht genau das Richtige.

Es war so weit: Der Tag des Umzugs war gekommen. Caparo und Caddy stiegen – trotz unserer eigenen Aufregung – ganz brav in den Hänger. Sie spürten wohl, dass es diesmal kein Ausflug zu einem Turnier war, sondern etwas ganz anderes. Auch wenn sie nicht einordnen konnten, was genau geschehen würde, war ihnen offenbar klar: Es war etwas Gutes. Und dann geschah das Unglaubliche: Innerhalb von drei Tagen waren sie vollständig integriert. Keine dramatischen Kämpfe, nur ein paar haarlose Stellen – das Übliche. Aber das Entscheidende war: Sie waren angekommen.

Caddy atmete auf.

Sein ganzer Ausdruck veränderte sich. Er wurde ruhiger, präsenter, zugänglicher. Er begann, sich auch mal für ein paar Minuten von Caparo zu entfernen. Kein panisches Tänzeln mehr, kein wilder Blick. Nur ein leises Nachfragen – und ein vorsichtiges „Ich versuch's allein."

Am Putzplatz ließ er sich nun besser führen. Hauptsache, er konnte irgendwo einen anderen Pferdekopf erspähen. Und wenn es doch mal brenzlig wurde? Dann half Nähe. Kein lautes „Nein!", keine energischen Korrekturen. Eine ruhige Hand, eine leise Stimme, ein kurzer Moment der Umarmung.

Ja, ich weiß, es klingt seltsam. Aber diesen sensiblen Wallach in den Arm zu nehmen, wenn er gerade die Welt nicht verstand – das war seine Rettung. Nähe statt Druck. Präsenz statt Strafe. Und es funktionierte.

Auch beim Reiten zeigte sich der Wandel. Der Reitplatz war offen – keine Zäune, keine Hallenwände. Doch genau das gab Raum. Er hatte zwar noch seine „gruseligen Ecken" – dort, wo Windfahnen flatterten, wo Pylonen standen oder Bodenarbeitsmaterial lag. Aber Selina ging liebevoll damit um. Kein Zwang, kein „Durchreiten." Nur Wiederholung, Geduld, und ein inneres „Du darfst dir Zeit nehmen."

Und nach und nach geschah es: Der Radius wurde kleiner. Die Ausweichversuche seltener. Das Vertrauen größer.

Beim Springen war Caddy ohnehin in seinem Element. Leicht, präzise, voller Freude. In der Dressur half eine leichte Innenstellung, um seine Aufmerksamkeit zu lenken. Es wurde besser. Jeden Tag ein bisschen mehr.

Und dann kam der nächste Wendepunkt.

Abends, wenn die Pferde eigentlich in die Boxen sollten, standen Caparo und Caddy zögernd am Paddockzaun. Sie wollten nicht rein. Ihr Blick war deutlich: „Lass uns hier."

Und wir hörten hin. Wir entschieden: Sie dürfen draußen bleiben. In der Gruppe. Auch nachts.

Was dann geschah, war ein kleines Wunder.

Caparo wurde tiefenentspannt. Und Caddy – dieser nervöse, unsichere Wallach – wurde zu einem gelassenen, beinahe weisen Pferd. Er fand seinen Ort. Seine Herde. Seine Mitte.

Und wir? Wir lernten.

Dass Pferde nicht nur Training brauchen. Sondern Raum zum Sein. Dass sie uns nicht immer widersprechen – sondern oft einfach nur zeigen: „So, wie es ist, passt es nicht."

Wir hatten lange versucht, Caddy zu „korrigieren." Jetzt wussten wir: Er musste nicht korrigiert werden. Er musste sich entfalten dürfen. Und dafür brauchte es nicht Druck – sondern passende Bedingungen.

 Fazit

Diese Entscheidung hat alles verändert. Für Caddy. Für Caparo. Für Selina. Und auch für mich.

Ich habe gelernt:

> *„Man erkennt den wahren Charakter eines Pferdes nicht in der Reithalle – sondern dort, wo es frei ist."*
> – Unbekannt

Nicht jedes Pferd ist für Boxenhaltung gemacht. Nicht jedes Pferd kann aufblühen, wenn sein Umfeld nicht zu seiner Natur passt. Ich hatte endlich den Mut, nicht Caddy zu verändern – sondern die Welt um ihn herum.

Und in all diesen Erfahrungen wurde mir etwas bewusst: Es war nicht Caddy, der mich als Erster auf diesen Weg schickte. Es war Joantos. Still und zurückhaltend hatte er seine Botschaften gesendet. Seine Sensibilität war fein, fast unmerklich, wenn man nicht genau hinsah. Er brauchte Sicherheit, verlässliche Strukturen, klare Rückzugsorte. Die Offenstallhaltung, wie sie damals war, bot ihm all das nicht. Und doch sprach er nicht laut – er zog sich einfach zurück.

Caddy dagegen sprach deutlicher. Seine Unsicherheiten waren nicht zu übersehen. Er zeigte seine Angst offen, suchte Nähe, forderte Schutz ein. Er zwang mich, tiefer hinzuschauen und zu handeln.

Joantos hatte die leisen Fragen gestellt. Caddy brachte die Antworten ans Licht.

Beide Pferde waren unterschiedlich. Und doch hatten sie mir dasselbe gezeigt: Dass echte Fürsorge nicht darin liegt, ein Pferd zu formen – sondern darin, ihm die Umgebung zu schenken, in der es sich selbst entfalten kann.

Und dafür bin ich beiden von Herzen dankbar.

💡 Mein Lernmoment: Was braucht dein Pferd wirklich?

- Wie wirkt dein Pferd im Alltag? Ruhig oder angespannt? Neugierig oder gestresst?

- Wie viel soziale Interaktion hat es? Eine Herde, feste Partner, Kontakte?
- Wie viel Bewegung bekommt es wirklich? Nicht nur im Training – sondern frei, draußen?
- Wie geht dein Pferd mit dem Alleinsein um? Welche Situationen bringen es aus der Ruhe?
- Kannst du Haltung und Umfeld reflektieren? Wo gibt es Potenzial zur Verbesserung?
- Was hat sich durch kleine Veränderungen schon positiv entwickelt? Und was wäre der nächste kleine Schritt?

✦ Nicht jedes Pferd braucht das Gleiche – aber jedes Pferd braucht das, was zu ihm passt.

Diese neue Form des Miteinanders veränderte nicht nur unseren Alltag – sie veränderte unsere Sicht auf alles, was mit Pferden zu tun hatte. Und irgendwann reifte ein Gedanke, der nicht mehr wegging:

Was wäre, wenn wir selbst einen Ort schaffen könnten? Einen Platz, an dem Pferde so leben dürfen, wie sie es wirklich brauchen?

Und genau das war der Beginn eines neuen Traums...

Kapitel 13

Der große Schritt – vom Bürojob zur Betriebsleitung

„Nicht der Wind, sondern das Segel bestimmt die Richtung.“
– Chinesisches Sprichwort

Nicht nur für unsere Pferde war der neue Stall eine große Veränderung – auch für mich sollte sich vieles grundlegend wandeln.

Unsere Pferde und wir fühlten uns vom ersten Moment an wohl und gut aufgenommen. Eines Tages erreichte uns eine Nachricht der Stallbesitzerin: Der Stallbursche sei plötzlich verschwunden, und sie bat um Hilfe bei der Versorgung der Pferde und beim Abmisten. Da ich Zeit hatte und die Stallgemeinschaft sehr schätzte, half ich natürlich mit. Wir waren eine kleine Gruppe engagierter Menschen, die gemeinsam das Paddock abmisteten und die Pferde versorgten. Dabei hatten wir jede Menge Spaß – und als alles erledigt war, saßen wir noch bei einem Glas Prosecco zusammen. Die Stallbesitzerin erzählte uns, dass der Stallarbeiter nicht wiederkommen würde und sie ihn kündigen werde.

Mehr im Scherz meinte ich: „Dann übernehme ich das halt.“

Ein paar Tage später ritten wir gemeinsam aus, als die Stallbesitzerin plötzlich sagte: „Jetzt mal im Ernst – was hältst du wirklich davon, den Pferdehof als Betriebsleiterin zu übernehmen? Natürlich gehört das Abmisten und die Versorgung der Pferde dazu. Du könnte wieder Unterricht geben und das Voltigieren anbieten.“

Puh – was für ein Angebot!

In meinem Bürojob strebte ich gerade eine Höhergruppierung an. Ich wollte mir das gut überlegen und mit meiner Familie absprechen. Wenn das Gehalt stimmen würde, wäre es tatsächlich eine Option – und ein Schritt in Richtung meines großen Traums: mit Pferden zu arbeiten und eines Tages eine eigene Reitanlage zu besitzen.

Das Gehalt war akzeptabel – und ich erhielt die Genehmigung, das Voltigieren auf dem Hof anzubieten. Auch Reitunterricht durfte ich offiziell geben. Damit kam ich meinem Herzensziel schon sehr nahe – und finanziell war es die einzige realistische Möglichkeit, diesen Traum zu verwirklichen.

Bevor ich endgültig zusagte, vereinbarten wir eine Probewoche, in der ich den Stallalltag komplett übernahm. Ich wollte sicher sein, dass mir die Arbeit auch unter Alltagsbedingungen wirklich zusagte. Die Woche hatte wettertechnisch alles zu bieten: Dauerregen, Wind, sogar Schneeschauer – und auch strahlenden Sonnenschein. Doch trotz aller Herausforderungen: Ich hatte einfach nur Freude daran.

Also willigte ich ein – und kündigte kurzerhand meinen Bürojob.

Als es schließlich so weit war und ich als Betriebsleiterin am Pferdehof startete, war es für mich pures Glück. Natürlich war es anstrengend, doch die Arbeit an der frischen Luft, das Unterrichten und der Aufbau des Voltigierens – all das erfüllte mich zutiefst. Die Stallgemeinschaft war mit meiner Arbeit sehr zufrieden und versicherte mir, so gut seien die Pferde noch nie versorgt worden. Und ich? Ich war einfach nur glücklich. Es fühlte sich an wie ein Dauerurlaub. Ich wartete förmlich darauf, irgendwann wieder in meinem alten Büro aufzuwachen – doch dieser Traum war nun Realität.

Es lief richtig gut. Ich baute drei Voltigiergruppen auf, die wöchentlich stattfanden – alle waren gut besucht, die Kinder hatten großen Spaß. Im Sommer organisierten wir ein großes Sommerfest mit einer Vorführung der Voltigiergruppen – ein voller Erfolg.

Da ich als Betriebsleiterin auch für die Pferde anderer verantwortlich war, entschied ich mich für eine Weiterbildung zum Thema „Gesundes Pferd", angeboten von einer Tierärztin. Diese halbjährige Ausbildung gab mir große Sicherheit in der Beurteilung von Gesundheitszuständen und half mir, besser einschätzen zu können, wann ein Tierarzt gebraucht wird. Ich wurde zur Ansprechpartnerin für die Einsteller und unterstützte sie bei kleinen Wehwehchen der Pferde.

Doch nicht nur im Bereich Pferdegesundheit bildete ich mich weiter. Für meinen Unterricht absolvierte ich eine besonders prägende Fortbildung: die Trainer-Ergänzungsqualifikation Inklusion. Dieser Kurs mit Prüfung war eine echte Bereicherung. Wir Trainer durften in unseren jeweiligen Sparten – bei mir das Voltigieren – mit Menschen mit Handicap arbeiten. Ich betreute eine kleine Gruppe, in der auch ein blindes Mädchen voltigierte. Sogar unser Voltigierpferd hatte nur noch ein Auge.

Es war faszinierend, wie dieses Mädchen mit dem Pferd agierte – sie zeigte mir, zu welchen Leistungen Blinde fähig sind. Sie merkte z. B. genauso schnell wie ich, wenn das Pferd im falschen Galopp lief – und das auf Sandboden. Sie lief allein zum galoppierenden Pferd und sprang auf, orientierte sich dabei an der Longe und nahm den Rhythmus des Pferdes erstaunlich sicher auf. Zum Stehen auf dem Pferderücken verwendeten wir ein Springseil, das am Voltigiergurt befestigt war. Es gab ihr keinen Halt, sondern bot ihr Orientierung – damit sie wusste, wo die Griffe sind. Auch beim Absteigen riefen wir ihr nur kurz „Hier!" zu – sie lief gezielt in unsere Richtung. Natürlich achteten wir darauf, dass sie dem Pferd nicht in die Quere kam, aber auch das hatte sie voll im Griff.

Die Richter waren bei der Prüfung sichtlich erstaunt – nicht nur
über die Leistungen der Mädchen ohne Handicap, sondern besonders über das blinde Mädchen, das bei allen einen bleibenden
Eindruck hinterließ. Diese außergewöhnliche Erfahrung inspi-
rierte mich, in diesem Bereich weiterzuarbeiten.

Ich begann, mich intensiver über Ausbildungsmöglichkeiten im
Therapeutischen Reiten zu informieren – was sich als gar nicht
so einfach herausstellte. Oft wird man ohne therapeutische
Grundausbildung gar nicht erst zugelassen. Deshalb entschied
ich mich zunächst für eine Ausbildung zur Reitpädagogin. Diese
war ebenfalls darauf ausgerichtet, mit „schwierigen" Kindern zu
arbeiten. Ich lernte noch einmal viel über die Bewegungsabläufe
von Pferd und Reiter. Nach einem halben Jahr durfte ich mich
stolz Reitpädagogin nennen.

Von da an zogen meine Reitstunden immer mehr Schüler mit
kleineren Störungen an – Kinder mit Essstörungen, Depressio-
nen oder einfach großer Angst, zum Beispiel nach einem Sturz.
Es war für mich das Größte, wenn sie mit einem Lächeln auf
dem Pferd saßen und die Reitstunde ihnen half, ihre Sorgen zumindest für eine Weile zu vergessen. Caparo hatte hier ebenfalls
seine Bestimmung gefunden. Gerade bei Kindern mit Ängsten
war er besonders lieb, nachsichtig bei Fehlern und ausgespro-
chen vorsichtig. Er gab meinen Reitschülern Sicherheit, und ich
konnte mich auf ihn verlassen.

Aber Caparo hatte auch eine andere Seite: Wenn Kinder mein-
ten, sie könnten schon reiten, zeigte er ihnen sehr deutlich, dass
es noch einiges zu lernen gab. Wenn die Gewichtshilfe nicht
stimmte oder der Schenkel nicht dort war, wo er hingehörte,
dann lief er mit ihnen Schlangenlinien, die sie gar nicht wollten.
In solchen Momenten erinnerte er mich an Tristan mit den langen Ohren – auch er hatte dieses feine Gespür. Durch diese beiden Pferde wurde mir immer wieder bewusst, wie sehr Pferde
auf unterschiedliche Menschen reagieren können. Sie sind so
empfindsam für unsere Stimmungen – und sie spiegeln uns. Oft

sehe ich an der Reaktion der Pferde, wie es den Reitschülern wirklich geht, selbst wenn sie mir ins Gesicht lächeln und behaupten, alles sei gut. Vor den Pferden können sie sich nicht verstellen – und das ist etwas sehr Wertvolles.

Ich erinnere mich besonders an die Anfänge meiner bis heute treuen Reitschülerin. Sie war ein schüchternes, zurückhaltendes Mädchen mit einem – sagen wir mal – sehr flotten Pony. Beim ersten Galopp musste ich fast die Augen schließen, so sehr legte sich das Pony in die Kurve. Ich ließ sofort durchparieren – so konnten wir nicht weitermachen. Kathi lernte von mir zuerst, dass Zügel nicht zum Festhalten da sind. Sie lernte, die Gewichtshilfen bewusst einzusetzen und wie man ohne Zerren lenkt. Ihr Pony Sultan nahm die neuen, feinen Hilfen dankbar an – und die Verbindung zwischen den beiden wurde noch intensiver. Natürlich ist er immer noch ein flottes Pony, aber inzwischen ist er mit leichter Einwirkung kontrollierbar und lässt sich gut lenken und bremsen.

Heute reitet Kathi – trotz einer zwischenzeitlichen Pause – wieder bei mir. In ihrem neuen Stall fällt sie durch ihre feine Reitweise auf, was mir sogar neue Reitschüler eingebracht hat. Aus dem einst schüchternen Mädchen ist eine selbstbewusste junge Frau geworden, die genau weiß, was sie will.

Diese Erfolge zeigten mir, dass ich auf dem richtigen Weg war. Und siehe da: Mit der Ausbildung zur Reitpädagogin war der Weg zur Reittherapeutin plötzlich möglich. Zwar kann ich nur tiergestützte Therapie anbieten und nicht mit den Krankenkassen abrechnen, aber ich bin mittlerweile ausgebildete Reittherapeutin.

Mein Spezialgebiet sind nicht schwer gehandicapte Menschen – sondern Kinder mit Angststörungen und Frühchen-Förderung.

Während meiner Reittherapie-Ausbildung kam meine Enkelin zur Welt – fünf Wochen zu früh. Meine pferdeverrückte

Tochter konnte es kaum erwarten, wieder in den Stall zu gehen, und so war klar: Die kleine Emily musste mit in den Stall. Als Caparo sie zum ersten Mal sah, blieb mir der Atem weg. Ganz vorsichtig trat er heran, senkte den Kopf und schnupperte sanft an dem winzigen Wesen auf meinem Arm – als wüsste er genau, wie zerbrechlich sie war. In diesem Moment wich er nicht mehr von meiner Seite. Bis heute bekomme ich Gänsehaut, wenn ich daran denke.

Es dauerte nicht lange, bis klar war: Emily war vom Pferdevirus infiziert. Sobald ihre kleinen Hände greifen konnten, wollte sie den Strick selbst halten. Sobald sie sitzen konnte, durfte sie auf dem Pferd reiten – anfangs noch gehalten von Selina oder mir, manchmal auch einfach nur ruhig auf Caparos breitem Rücken sitzend.

Als sie laufen konnte, führte sie Caparo vorsichtig über den Hof – der Strick hing locker durch, so sehr vertraute er ihr. Auch Caddy zeigte sich sanft im Umgang mit ihr, doch bei ihm blieben wir achtsam. Er hatte sich inzwischen zum Herdenchef entwickelt und beobachtete wachsam seine Umgebung und die Herde – Alleinsein mochte er immer noch nicht. Aber wenn Mama an ihrer Seite war, durfte auch Caddy von Emily geführt werden. Was ich während meiner Ausbildung lernte: Instinktiv hatten wir mit Emily und Caparo Frühchen-Förderung betrieben. Die Bewegungen, die Wärme und Nähe des Pferdes fördern die kindliche Entwicklung. Heute merkt man Emily ihre Frühgeburt nicht mehr an – im Gegenteil: In vielen motorischen Bereichen ist sie Gleichaltrigen überlegen. Mit drei Jahren kann sie auf einem Bein springen – und übt gerade den Handstand. Viele Kinder schaffen das mit fünf Jahren noch nicht – was ich in meiner langjährigen Erfahrung als Voltigiertrainerin leider oft feststellen muss.

⟆ Fazit

Was als spontane Hilfe in einem Pferdestall begann, wurde der Beginn eines völlig neuen Lebensabschnitts. Ich ließ die Sicherheit meines Büroalltags hinter mir und wagte den Schritt in eine Welt, die mich erfüllte – mit allem, was dazugehörte: körperlicher Arbeit, Verantwortung, Lernen, Wachsen. Es war nicht immer leicht, aber es war echt. Und es fühlte sich richtig an. Ich durfte erleben, wie sich Träume verwirklichen lassen, wenn man den Mut hat, neue Wege zu gehen – auch ohne alle Antworten schon zu kennen. Die Arbeit mit den Pferden, mit den Kindern, mit Caparo – und schließlich auch mit meiner Enkelin – hat mir gezeigt, wie viel Heilung, Entwicklung und Freude in dieser Verbindung steckt. Rückblickend weiß ich: Dieser Schritt war einer der wichtigsten meines Lebens. Und er hat mich genau dorthin geführt, wo ich heute stehe.

💡 Mein Lernmoment aus dieser Zeit

- Große Veränderungen beginnen oft ganz leise – mit einem Satz, einem Moment oder einem Impuls aus dem Bauch heraus.
- Wenn der richtige Ort, die richtigen Menschen und die Tiere mitziehen, entstehen ungeahnte Möglichkeiten.
- Pferde spiegeln, was in uns vorgeht – sie sind Wegweiser, Heiler und ehrliche Lehrer.
- Reiten kann mehr sein als Sport: Es kann Mut schenken, Vertrauen wachsen lassen und Entwicklung ermöglichen – für Reiter wie für Pferde.
- Der eigene Weg entsteht beim Gehen – und manchmal führt er genau dorthin, wo das Herz schon lange hinwollte.

Doch die Entwicklung blieb nicht stehen. Während ich im Stall meine Rolle gefunden hatte, begann ich über etwas noch Größeres nachzudenken: Was, wenn ich all das nicht nur mitgestalten, sondern ganz in die eigene Hand nehmen würde? Noch war es nur ein Gedanke – aber einer, der immer lauter wurde …

Kapitel 14

Wenn das Leben neu sortiert

„Und plötzlich weißt du: Es ist Zeit, etwas Neues zu beginnen und dem Zauber des Anfangs zu vertrauen."
– Zugeschrieben Meister Eckhart

Ich lebte meinen Traum: Als Betriebsleiterin des Stalls konnte ich das Voltigieren erfolgreich ausbauen. Auch der Reitunterricht lief hervorragend – ich hatte sogar schon eine Warteliste. Doch dann passierte es wieder: ein Reitunfall.

Es ging unglaublich schnell, fast wie aus dem Nichts – und wieder war es eine kleine Unachtsamkeit. Ich wollte lediglich aufsteigen. In dem Moment, in dem ich mich von der Aufstiegshilfe in den Sattel schwingen wollte, machte das Pferd einen Schritt nach vorne. Plötzlich saß ich hinter dem Sattel, das Pferd begann zu bocken, und während ich noch überlegte, wie ich heil wieder herunterkommen sollte, lag ich auch schon im Sand.

Das Ergebnis: zwei gebrochene Brustwirbel. Für meine Arbeit im Stall war das eine kleine Katastrophe. Ich durfte lange Zeit nichts Schweres heben und konnte meine Aufgaben nicht mehr vollumfänglich übernehmen. Irgendwie war danach alles anders. Mein Arzt riet mir schließlich sogar, die Stallarbeit komplett aufzugeben.

Also suchte ich nach einer Alternative – und fand sie als Leitung einer Kinderreitschule. Doch auch unsere eigenen Pferde mussten umziehen. Es kam für mich nicht in Frage, meine Pferde am alten Arbeitsplatz stehen zu lassen, während ich woanders arbeitete – und auch die Reitschule, an der ich nun tätig war, war nicht der richtige Ort für sie.

Also machten wir uns auf die Suche nach einem neuen Zuhause
für unsere Vierbeiner. Wir schauten uns verschiedene Ställe an,
doch wirklich fündig wurden wir nicht. Schließlich hatte Selina
die Idee, selbst etwas zu pachten. Sie gab eine Anzeige auf, in
der sie nach einem Offenstall zur Pacht suchte – und nur einen
Tag später kam das Angebot: ein kleiner Offenstall in ihrer Nähe
stand zur Verfügung.

Wir sahen uns den Stall an – und ja, er bot uns die Möglichkeit,
unsere Pferde gut unterzubringen. Endlich konnten wir Voltigieren und Reitunterricht wieder nach unseren Vorstellungen
gestalten – ohne erst jemanden überzeugen zu müssen.

Der Verpächter war sympathisch, und wir wurden uns schnell
einig. Einen Monat später sollten wir übernehmen. Der Stall
verfügte über zwei Unterstände, einen Reitplatz – und sogar einen Traktor durften wir übernehmen.

Parallel zu meinem neuen Job hatte ich nun
mit Selina gemeinsam unseren eigenen kleinen Offenstall. Es war ziemlich viel auf einmal. In der Reitschule musste ich mich erst
einarbeiten, die Gegebenheiten kennenlernen und Unterricht geben. Und an meinem
freien Tag fuhr ich zu Selina in den Stall –
wo ebenfalls jede Menge zu tun war.

Unsere Vorgänger hatten den Hof offenbar überstürzt verlassen
und alles stehen und liegen gelassen. Es hieß also: aufräumen,
sortieren und Ordnung schaffen. Wir hatten so viel Müll, dass
wir einen Container bestellen mussten – und der war schnell
voll.

Auch die Zäune mussten komplett erneuert werden, das Dach
eines Unterstands war undicht und musste ersetzt werden. Anfangs hatten wir zwei Einstellerpferde – eine Stute und einen
Wallach. Leider hatte die Stute eine unschöne Angewohnheit:

Sie ging ständig durch den Zaun – und natürlich folgte ihr die ganze Herde.

Mehrmals erhielten wir Anrufe von aufmerksamen Nachbarn, dass die Pferde ausgebrochen seien. Da wir nicht direkt am Stall wohnten, waren wir über deren Hilfe sehr dankbar.

Eines Nachts informierte ein Nachbar Selina und ihren Freund erneut über einen Ausbruch. Unsere Jungs ließen sich problemlos einfangen – aber die Stute nicht. Schließlich musste sogar die Feuerwehr kommen. Das war der Punkt, an dem wir der Besitzerin nahelegten, sich einen anderen Stall zu suchen. Zwei Tage später zog die Stute aus.

Woher wir wussten, dass sie die Ausbruchskünstlerin war? Wir hatten sie beobachtet. Sie stellte sich auf das untere Stromband, schlupfte unten durch – oder zerstörte gezielt mit den Hinterbeinen die Zaunpfosten. Natürlich lief die Herde dann mit.

Nach ihrem Auszug war schlagartig Ruhe. Nur zweimal kam es noch zu Ausbrüchen – beide Male durch Unwetter. Einmal waren die Pferde nur auf die benachbarte Koppel gewechselt. Das andere Mal zerstörte ein massiver Schneefall den Zaun, und wir fanden die Pferde beim benachbarten Hühnerbauern, wo sie versuchten, im Schnee nach Körnern zu wühlen.

Dank unserer aufmerksamen Nachbarn konnten wir schnell reagieren – an dieser Stelle ein herzliches Dankeschön!

Aber nicht nur im Stall gab es Herausforderungen. Auch mein neuer Job als Leiterin der Kinderreitschule war anspruchsvoll. Besonders in den Ferien herrschte Hochbetrieb. Ich betreute ganze Gruppen, organisierte Tagesprogramme, koordinierte den Reitbetrieb und kümmerte mich um alles, was anfiel. Es war zwar schön – aber auch wahnsinnig anstrengend. Ich fühlte mich oft, als würde ich zwei Jobs gleichzeitig machen.

Ich lernte in dieser Zeit enorm viel – von der Organisation von Reitstunden und Ferienkursen über Öffentlichkeitsarbeit bis hin zum Pferdemanagement.

Besonders beeindruckt war ich von der Haltung der Ponys in der Kinderreitschule: Sie lebten in einem Aktiv-Bewegungsstall. Das bedeutete, dass sie sich aktiv von der Futterquelle zur Wasserstelle, zur Heuraufe oder zum Ruheplatz bewegen mussten. Durch diese durchdachte Anordnung der Versorgungsstationen legten die Ponys täglich mehrere Kilometer zurück. Sie waren dadurch körperlich und geistig ausgelastet – und entsprechend ausgeglichen und gut handelbar.

Über Halsbänder mit integriertem Chip erhielten die Ponys individuell angepasstes Kraftfutter und Mineralien. Das System erkannte jedes einzelne Pony und dosierte die Futtergaben exakt nach seinem Bedarf. Ich fand dieses Konzept faszinierend, denn es vereinte moderne Technik mit pferdegerechter Haltung.

Besonders gerne gab ich Lehrgänge, vor allem zur Vorbereitung auf den „Pferdeführerschein Umgang". Bei der ersten Prüfung war ich genauso nervös wie die Teilnehmer. Doch meine Sorge war unbegründet – alle bestanden, und ich erhielt großes Lob für meine Vorbereitung. Ich war überglücklich.

Trotzdem wurde mir die Doppelbelastung auf Dauer zu viel. Ich litt unter Schlaflosigkeit, bekam einen schlimmen Ausschlag im Gesicht – mein Körper zeigte mir deutlich: Es reicht.

Auf Anraten meines Mannes zog ich die Reißleine und kündigte. Es war die beste Entscheidung für meine Gesundheit. Der Ausschlag verschwand, ich konnte wieder schlafen – und hatte endlich wieder Kapazitäten, mich auf unseren Offenstall zu konzentrieren.

Und mitten in dieser herausfordernden Zeit, in der ich alles neu sortieren musste, kam ein kleiner schwarz-weißer Gefährte in unser Leben – und veränderte alles.

Das kleine Shetlandpony Kleiner Onkel war in der Reitschule nicht mehr beliebt – viele Kinder mochten ihn nicht, weil er schnappte, wenn sie unachtsam waren oder ihn zu stürmisch behandelten. Manche hatten richtig Angst vor ihm. Er galt als schwierig, als eigenwillig – als einer, mit dem man kaum noch etwas anfangen konnte. Auch die Reitlehrer setzten ihn nur noch ungern ein.

Dann kam dieser eine Nachmittag. Ich hatte Selina und meine kleine Enkelin Emily zu einer Pony-Reit-tour eingeladen. Emily sollte einmal auf kleineren Pferden reiten dürfen – nicht wie sonst auf unseren großen Jungs. Da Selina Erfahrung mit Pferden hatte, wur-den ihr und Emily Kleiner Onkel zuge-teilt. Ich erinnere mich noch genau an diesen Moment, als Emily ihn zum ersten Mal sah: ihre großen, staunenden Augen – und er, mit seinem wilden Schopf und dem skeptischen Blick, wie ein kleiner  Waldkobold, der nicht wusste, ob er vertrauen sollte.

Doch es geschah etwas Magisches. Er ließ sich von ihr anfassen, ohne die Ohren anzulegen. Er stand ruhig da, als sie mit ihrer kleinen Hand über seinen Hals strich – ganz, als hätte er auf sie gewartet. Kein Schnappen, kein Ausweichen – nur vorsichtige Neugier und ein leiser Funke Vertrauen. Das Ponyreiten war ein voller Erfolg, und von diesem Moment an sprach Emily nur noch von ihm. Kleiner Onkel hier, Kleiner Onkel da – sie wollte unbedingt wieder zu ihm, wollte nur noch mit Kleiner Onkel reiten.

Ein paar Wochen später saßen wir alle beim Familienessen zusammen. Auch dort erwähnte Emily voller Begeisterung, dass sie unbedingt wieder den Kleinen Onkel besuchen wolle. Ich erzählte beim Nachtisch beiläufig, dass mir meine Chefin Kleiner Onkel zum Kauf angeboten hatte. Mein Mann sah kurz auf, lächelte – und sagte ganz ruhig und voller Überzeugung: „Dann kauf ich ihn für Emily zu Weihnachten." Mir stockte der Atem. Ich hatte nicht damit gerechnet. Aber in diesem Moment wusste ich: Das ist genau richtig.

Und so kam Kleiner Onkel zu uns. Ich weiß nicht, wer aufgeregter war – Emily oder ihr Opa. Am Weihnachtstag luden wir Kleiner Onkel in den Hänger, um ihn in seinen neuen Stall und damit zu Emily zu bringen – als ihr ganz persönliches Weihnachtsgeschenk. Mein Mann bestand darauf, dass Kleiner Onkel eine große Schleife um den Hals tragen müsse, wenn Emily ihn zum ersten Mal als Ihr Pony sieht. Zum Glück hatte das Pony dank seiner Reitschulvergangenheit kein Problem mit solchen Extras.

Als wir am Stall ankamen, nahm mein Mann die aufgeregte Emily auf den Arm und ging mit ihr zur Hängertür. Da stand er – Kleiner Onkel – und schaute sie neugierig an. Emily strahlte über das ganze Gesicht, begrüßte ihn freudig und fiel ihm um den Hals. Und Kleiner Onkel? Der ließ es geduldig über sich ergehen – und kuschelte sogar mit ihr.

Wir wollten ihn aber nicht zu lange im Hänger stehen lassen und beschlossen, ihn gleich seiner neuen Herde vorzustellen. Doch was dann passierte, überraschte uns alle: Die großen Pferde liefen vor dem kleinen schwarz-weißen Pony davon! Sie flüchteten regelrecht, als hätte sich ein gefährlicher Drache in den Paddock geschlichen.
Caddy wurde von den anderen so in die Enge getrieben, dass er kurzerhand über den Zaun sprang. Als er merkte, dass die anderen ihm nicht folgten – und dass das Pony gar nichts tat – sprang er einfach wieder zurück. Kleiner Onkel blieb bei der

Herde. Anfangs war er noch ein Außenseiter, doch er durfte sich jeden Tag ein kleines Stück näher an sie heranwagen. Nach drei Tagen wurde er aufgenommen – und wurde sogar Caddys kleiner Freund.

Nein, wir hatten nicht geplant, ein Pony zu kaufen. Es war kein durchdachter Schritt – sondern ein Herzensentscheid. Denn manchmal finden sich Herz und Pferd, ohne dass man sie suchen muss. Was dann geschah, war einfach wundervoll.

Kleiner Onkel war zu Emily unglaublich sanft. Wenn sie zum Stall kam, begrüßte er sie mit einem leisen Wiehern, trabte ihr entgegen und wartete geduldig am Zaun, bis sie endlich bei ihm war. Er ließ sich von ihr vertrauensvoll führen, putzen, satteln – und sogar voltigieren durfte sie auf ihm. Doch wenn die Voltigierkinder zu ihrer Gruppenstunde kamen, zog er sich zurück. Und wir ließen ihm diesen Freiraum.

Natürlich fanden die Kinder das kleine Pony zum Verlieben und wollten es füttern. Angezogen von Karotten oder Äpfeln kam Kleiner Onkel dann doch zu ihnen – aber wir merkten schnell, dass er in solchen Situationen unruhig und misslaunig wurde. Er mochte es nicht, bedrängt zu werden – und zeigte das auch deutlich. Also führten wir eine klare Regel ein: Kein Kind außer Emily durfte zu ihm. Er sollte seine Ruhe vor Kinderhänden und Leckerlis haben – Punkt.

Und siehe da: Es funktionierte. Er entspannte sich. Er durfte sein, wie er war – und wurde genau dafür geliebt. Kleiner Onkel war nicht einfach ein Pony. Er war Emilys Gefährte. Ihr erster großer Pferdefreund. Ein Lehrer in Fell und Hufen. Emily und Kleiner Onkel wuchsen mit jedem Tag mehr zusammen. Sie konnte jederzeit zu ihm gehen – und auch Leckerlis geben war kein Problem.

Für uns war er das kleine Wunder, das kam, ohne gesucht zu werden – und blieb, um Herzen zu heilen.

Nach der Kündigung hatte ich erst keinen neuen Job – aber der Stress war weg. Ich fand schließlich eine Teilzeitstelle mit 20 Stunden pro Woche. Genug, um sozialversichert zu sein, aber nicht so viel, dass es mich wieder auslaugt. Ganz selbstständig wollte ich mich noch nicht machen – dafür war mir das Risiko zu groß. Unser Stall war (noch) zu klein, um davon komplett zu leben. Aber Selina und ich hatten ein gemeinsames Ziel – und wir gingen es mit vollem Herzen an.

🌿 Persönliches Fazit

Der Reitunfall war ein schmerzhafter Einschnitt – körperlich wie seelisch. Und doch war er ein Wendepunkt. Ich wurde gezwungen, innezuhalten, meine Grenzen zu erkennen und auf die Signale meines Körpers zu hören.

Die Entscheidung zu kündigen war nicht leicht, aber sie war notwendig. Sie gab mir die Freiheit, mich wieder auf das Wesentliche zu konzentrieren: auf unsere Pferde, auf das, was mein Herz wirklich wollte.

In dieser Zeit habe ich gelernt, dass nicht alles kontrollierbar ist – aber, dass in jedem Umbruch auch eine Chance liegt. Besonders berührt hat mich die Verbindung zwischen Emily und Kleiner Onkel. Es war, als hätte das Leben genau gewusst, was wir alle brauchen: einen Anker, einen Freund, einen kleinen Lehrer mit großem Herzen.

Heute weiß ich: Stärke bedeutet nicht, alles allein zu schaffen – sondern rechtzeitig zu spüren, wann es Zeit ist, loszulassen und neu zu beginnen.

- Wenn dein Körper leise ruft, hör hin – bevor er schreien muss.
- Ein Rückschritt kann der erste Schritt in eine neue Richtung sein.
- Manchmal erkennen Kinder schneller als wir, was wirklich zählt.
- Und manchmal ist ein kleines Pony der Beginn von etwas ganz Großem.

Unser kleiner Offenstall entwickelte sich Tag für Tag weiter. Aus der Idee wurde ein echtes Herzensprojekt – getragen von unserer Leidenschaft für Pferde, unsere Vision von artgerechter Haltung und einem Miteinander auf Augenhöhe. Der Alltag forderte uns, aber er erfüllte uns auch. Und so wagten wir den nächsten Schritt – mit dem Mut gewachsen aus Umwegen, mit dem Herzen voller Ideen, und mit unseren Pferden an unserer Seite

Kapitel 15

Vom Träumen und Tun

„Manchmal braucht es einen Umweg, um am richtigen Ziel anzukommen."
– Unbekannt

Wenn ich heute zurückblicke – auf den Weg, der hinter uns liegt, mit all seinen Umwegen, Herausforderungen und auch kleinen Wundern – dann erfüllt es mich mit tiefer Dankbarkeit, dass ich nun dort bin, wo ich immer sein wollte. Durch meinen Teilzeitjob, den ich an zweieinhalb Tagen pro Woche ausübe, habe ich genügend Zeit, unseren Offenstall weiter auszubauen und kostbare Momente mit Emily und den Pferden zu verbringen.

Das Voltigieren wollten wir weiterentwickeln – ebenso wie mein neues Angebot im Bereich Reittherapie und tiergestützte Förderung, das ich nach erfolgreichem Abschluss meiner Ausbildung nun mit großer Freude anbieten kann. Natürlich war klar: Wir müssen sichtbar werden. Denn wenn niemand weiß, was wir anbieten, können auch keine Kinder oder Familien zu uns finden, die genau von unserem einfühlsamen, achtsamen Umgang mit Pferden profitieren würden. Unsere Angebote leben davon, dass Menschen Vertrauen aufbauen – und dazu gehört auch, dass wir nach außen zeigen, wofür wir stehen und was uns ausmacht. Aber wie anfangen? Die Idee: Eine eigene Internetseite für unseren Hof.

Zum Glück gibt es inzwischen viele Anbieter, mit deren Hilfe man Websites im Baukastensystem einfach selbst gestalten kann. Doch zuerst brauchten wir einen Namen für unseren Stall. Etwas, das zu unserer Philosophie passt – liebevoller, respektvoller Umgang mit Pferden in natürlicher Umgebung. Immer wieder kamen wir auf englische Begriffe wie „Natural Horse" zurück – aber das fühlte sich nicht richtig an. Vieles nennt sich heute so. Warum also nicht bei unserer eigenen Sprache bleiben?

Und dann war er plötzlich da: **„Pferdewohlhof."** Genau so sollte unser Stall heißen. Der Name bringt auf den Punkt, worum es uns geht: Das Wohl des Pferdes. Pferde und Menschen sollen sich bei uns wohlfühlen, mit uns ein Team bilden. Genau das wollen wir leben und lehren.

Nachdem der Name gefunden war, ging es Schlag auf Schlag: Unsere Website war schnell erstellt – denn wir wussten, wie wichtig Sichtbarkeit für unsere Arbeit ist. Nur wenn wir mit dem, was uns bewegt, auch nach außen treten, können wir Menschen erreichen, die unsere Philosophie teilen oder von unserem Angebot profitieren möchten, auch eine eigene Instagram-Seite entstand. Sie spiegeln unsere Philosophie und unser Angebot wieder – von Selinas Beritt und Reitunterricht bis zu meinem Voltigierangebot und der Reittherapie. Wir waren stolz auf das Ergebnis und ließen es von Freundinnen und Verwandten begutachten – die Rückmeldungen waren durchweg positiv. Besonders gut kam an, dass man gleich Schnupperstunden im Voltigieren buchen konnte. Eine Freundin hatte mir schon früher ein Logo entworfen. Dieses überarbeiteten wir ein wenig und erschufen daraus unser neues Logo.

Zum Jahresabschluss planten wir ein besonderes Highlight: eine festliche Stallweihnacht. Leider spielte das Wetter nicht mit. Es regnete tagelang, unser Heulager – der geplante Veranstaltungsort – blieb zwar trocken, aber das gesamte Gelände war völlig aufgeweicht. Unsere Gäste hätten Gummistiefel gebraucht, Parkplätze gab es keine. Schweren Herzens sagten wir die

Veranstaltung ab. Auch die Voltigierkinder waren enttäuscht – sie hatten sich so auf ihre Aufführung gefreut. Ein Neujahrsfest sollte die Absage ausgleichen, doch auch das fiel buchstäblich ins Wasser. Die Kinder, die sich so sehr auf ihren großen Auftritt gefreut hatten, waren natürlich enttäuscht – einige hatten sich extra Kostüme überlegt, andere ihre Choreografie zu Hause immer wieder geübt. Ihre traurigen Gesichter an diesem Tag werde ich nie vergessen – doch auch ihr Verständnis und ihr Zusammenhalt haben mich tief berührt. Gemeinsam schmiedeten wir neue Pläne – denn Aufgeben kam für niemanden infrage. Nun planen wir ein Sommerfest – und wer weiß, vielleicht haben wir bis dahin unseren Stall noch weiter verschönert, sodass wir noch stolzer zeigen können, was wir geschaffen haben.

Neben all dem ließ mich ein weiteres Thema nicht mehr los: die Tierkommunikation. Fasziniert von der Idee, wirklich mit Tieren in Kontakt zu treten, absolvierte ich auch hier eine Ausbildung. Für mich ist es ein wertvoller Weg, das Miteinander zu vertiefen – mit genauer Beobachtung, innerer Präsenz und einem feinen Gespür können wir tatsächlich miteinander kommunizieren. Ein besonderer Moment war für mich, als ich bei einem scheinbar unausgeglichenen Schulpferd durch die Tierkommunikation herausfand, dass es unter einem schlecht sitzenden Sattel litt. Kein lautes Signal – eher ein leiser Hinweis. Aber es reichte, um den Sattel überprüfen zu lassen. Nach der Anpassung war das Verhalten des Pferdes wie ausgewechselt. Solche Erlebnisse zeigen mir immer wieder, wie sehr Pferde mit uns sprechen – wenn wir bereit sind, wirklich zuzuhören. Tiere leben nicht in der Vergangenheit und denken nicht an die Zukunft – sie leben im Jetzt. Wenn wir lernen, sie dort abzuholen, entsteht eine neue Qualität von Begegnung. Genau das versuche ich auch meinen Reitschülerinnen – und besonders den Kindern in der Reittherapie – zu zeigen: Die Zeit mit dem Pferd darf frei sein von Alltagsstress, Schulärger oder Prüfungsangst. Wer sich auf das Jetzt einlässt, kann ganz neu erleben, was Verbindung bedeutet. Unser Offenstall ist noch lange nicht am Ende seiner Entwicklung. Der Bau einer Selbsttränke steht an, ebenso der

Ausbau unseres kleinen Stallstüberls. Und all das zusätzlich zur täglichen Arbeit: misten, Pferde bewegen, unterrichten. Aber wir wissen, wofür wir es tun – für unseren Traum, mit Pferden zu arbeiten und dabei ihrem Wesen gerecht zu werden.

Zum Glück haben wir Unterstützung. Der Freund meiner Tochter hat Gefallen an der Heuarbeit gefunden und daraus sein Hobby gemacht – mit allem, was dazugehört. Bei den heutigen Heupreisen ist es ein Segen, wenigstens einen Teil selbst zu produzieren. Als Garten- und Landschaftsbauer ist er auch bei vielen anderen Arbeiten im Stall eine große Hilfe. Ohne diese Unterstützung wäre vieles nicht möglich.

Unsere Köpfe sind voller Pläne. Inspiriert durch viele verschiedene Haltungsformen, die ich im Laufe der Jahre kennenlernen durfte, möchten wir einen Paddock Trail anlegen. Diese Haltungsform ermöglicht es den Pferden, sich frei zu bewegen, verschiedene Untergründe kennenzulernen und zwischen Futterplatz, Wasserstelle und Unterstand aktiv zu wechseln. Gleichzeitig sollen sie genug Platz zum Spielen und Laufen haben. Während der Weidesaison soll die Koppel selbstverständlich integriert werden. Ob und wie sich das alles auf unserem Gelände umsetzen lässt, wird sich zeigen – es braucht Zeit und Planung.

Und wer weiß, was die Zukunft noch bringt?

🌿 Persönliches Fazit

Eines habe ich auf diesem Weg gelernt: Das Leben ist Veränderung. Man muss sich nur immer wieder trauen, loszugehen. Mut zur Veränderung gehört dazu. Und das Wichtigste: Bleibe dir selbst treu und lasse deine Träume leben. Es ist immer die richtige Zeit, um neue Wege zu gehen.

- Pferde zeigen uns, wie wichtig das Jetzt ist – und wie viel in der Stille liegt.
- Sichtbar werden braucht Mut, aber es lohnt sich.
- Auch kleine Schritte führen zum Ziel – wenn das Herz die Richtung kennt.
- Manchmal beginnt Veränderung nicht mit einem Plan – sondern mit einem Gefühl.

Viele Jahre, viele Pferde, viele Geschichten. Jeder einzelne Moment war eine Lektion. Während unser Pferdewohlhof weiter wächst, spüre ich mehr denn je: Es ist Zeit, zurückzuschauen – und all die Erkenntnisse, die mir meine vierbeinigen Lehrer auf den Weg gegeben haben, zu sammeln. Kapitel 16 ist mein Dank an sie – und an das Leben mit den Pferden.

Kapitel 16

Was Pferde mich lehrten – Ein Rückblick auf 40 Jahre an ihrer Seite

„Veränderung beginnt in dem Moment, in dem du bereit bist, dich selbst zu se- hen.“
– Unbekannt

40 Jahre mit Pferden – das ist mehr als eine Aneinanderreihung von Erlebnissen. Es ist ein Weg voller Begegnungen, Umwege, kleiner und großer Erkenntnisse. Jedes Pferd war ein Lehrer, jede Herausforderung eine Einladung zum Wachsen. Ich durfte so viel erfahren, ausprobieren, hinterfragen – und möchte all das Gelernte in diesem Kapitel in komprimierter Form weitergeben.

Nicht als Rezeptbuch. Sondern als Einladung zum Mitfühlen, Nachdenken und Weitergehen.

💡 Was mich Pferde gelehrt haben

- Pferde sind keine Maschinen. Sie fühlen, denken, reagieren – und sprechen mit uns, wenn wir zuhören.
- Die feinen Signale sind die ehrlichsten. Wer mit Druck kommt, erntet Gegendruck. Wer mit Klarheit und Ruhe kommt, wird verstanden.
- Vertrauen ist keine Selbstverständlichkeit. Es wächst in Momenten der Geduld, der Zuverlässigkeit und der kleinen Erfolge.
- Angst ist keine Schwäche – weder beim Mensch noch beim Pferd. Sie ist ein Signal, das gesehen und ernst genommen werden will.

- Jedes Pferd ist anders. Was für das eine funktioniert, kann beim anderen das Gegenteil bewirken. Lernen heißt, sich immer wieder neu einzustellen.
- Auch Rückschritte gehören dazu. Sie zeigen uns, wo wir zu schnell waren, wo noch etwas fehlt. Wer sie annimmt, findet oft die größte Tiefe.
- Bodenarbeit ist keine Spielerei. Sie ist eine der direktesten Formen, miteinander in Beziehung zu treten – ohne Sattel, aber mit viel Gefühl.
- Kinder lernen von Pferden – und Pferde von Kindern. Wenn man sie lässt.
- Reiten ist mehr als Technik. Es ist ein Tanz, bei dem nicht der Mensch führen sollte, sondern beide sich aufeinander einlassen.

Haltung – innen wie außen

- Haltung beginnt mit der inneren Haltung: Wer sein Pferd versteht, kann es besser halten.
- Es gibt nicht die eine richtige Haltung – es gibt nur die passende für das jeweilige Pferd.
- Manche Pferde blühen im Offenstall auf, andere finden in der Box Ruhe und Sicherheit. Wichtig ist, was das einzelne Tier braucht.
- Sozialkontakt, Bewegung, Struktur und Rückzugsmöglichkeiten sollten überall möglich sein – egal, ob Aktivstall oder klassische Boxenhaltung.
- Haltung ist kein starres Konzept, sondern ein stetiger Lernprozess. Beobachte dein Pferd – es zeigt dir, was ihm guttut.

✦ Merksätze fürs Herz und den Alltag

- Pferde erinnern uns daran, dass das wahre Leben im Jetzt geschieht – und dass in der Stille oft die tiefsten Antworten liegen.
- Sichtbar werden braucht Mut, aber es lohnt sich.
- Selbst die kleinsten Schritte bringen uns voran – solange das Herz den Weg weist.
- Loslassen ist manchmal die liebevollste Form der Nähe.
- Ein Pferd verändert sich, wenn du dich veränderst.
- Zuhören ist die unterschätzteste Hilfengebung.
- Nicht jeder Weg führt zum Ziel – aber jeder Schritt führt zur Erkenntnis.

🌿 Mein tiefster Wunsch

Wenn dieses Buch eines bewirken darf, dann das: Dass du dir selbst und deinem Pferd wieder neu begegnest. Dass du Fragen stellst, wo du bisher Antworten hattest. Und dass du Mut findest, deine ganz eigenen Wege zu gehen.

Denn: Reiten ist nicht das Ziel.

Beziehung ist der Weg.

Und zum Schluss – Es gäbe noch so viele weitere Geschichten, Erlebnisse, kleine und große Momente mit und über Pferde zu erzählen. Unser Weg ist noch lange nicht zu Ende. Aber wer weiß – vielleicht finden sie ihren Weg in ein nächstes Buch …

Epilog

In Dankbarkeit verbunden

Wenn ich auf all die Jahre zurückblicke, bleibt vor allem eines: tiefe Dankbarkeit. Für jedes Pferd, das mich begleitet hat. Für jedes Kind, das mir vertraut hat. Für jede Herausforderung, die mich wachsen ließ. Und für jeden Menschen, der ein Stück des Weges mit mir gegangen ist – in Freundschaft, in Zusammenarbeit, in Stille oder mit lautem Lachen im Stall.

Dieses Buch ist mehr als eine Sammlung von Erfahrungen. Es ist ein Stück meines Herzens. Ein Versuch, all das, was mich bewegt hat, in Worte zu fassen. Für dich. Für euch. Für alle, die Pferde lieben.

Die echten Namen meiner Familie und unserer Pferde habe ich bewusst beibehalten. Sie sind Teil dieser Geschichte – unserer Geschichte. Andere Namen habe ich zum Schutz der Privatsphäre geändert. Was bleibt, ist die Wahrheit der Erlebnisse, die Tiefe der Verbindungen und die Echtheit der Gefühle.

Vielleicht konntest du beim Lesen lächeln, mitfühlen, nachdenken – und einen Impuls für deinen eigenen Weg mitnehmen. Wenn ja, dann hat sich jede Zeile gelohnt.

Wir wissen nie, wohin uns das Leben führt. Aber wenn Pferde unsere Begleiter sind, ist es immer der richtige Weg.

Danke, dass du mich begleitet hast. Wir sehen uns – irgendwo zwischen Heuduft, Kinderlachen und Pferdewiehern.

**Von Herz zu Herz,
Deine Manuela**

Verwendete Zitate und ihre Quellen

Diese Zitate begleiten die einzelnen Kapitel und spiegeln zentrale Gedanken meines Buches wider.

„Es gibt keinen Weg zum Pferd – der Weg ist das Pferd.“
– Unbekannt

„Jede große Reise beginnt mit dem ersten Schritt. Oder in meinem Fall – mit einem Haflinger und einem galoppierenden Herzen.“
– M.W.

„Wer wirklich will, findet Wege. Wer nicht will, findet Ausreden.“
– Sprichwort

„Pferde sind nicht da, um uns zu tragen – sie sind da, um uns zu lehren.“
– Unbekannt

„Man kann einem Pferd nichts vormachen. Es zeigt dir, wer du wirklich bist.“
– Unbekannt

„Manchmal denken wir, wir verlieren etwas. Dabei bereitet uns
das Leben auf etwas vor, das wir noch gar nicht sehen können."
– M.W.

„Manchmal musst du erst alles verlieren, um zu erkennen, wo
du wirklich hingehörst."
– Unbekannt

„Ein Pferd berührt manchmal zuerst dein Herz – und erst später begreifst du, wie tief es deine Welt verändert."
– M.W.

„Manche Träume sind so groß, dass man erst hineinwachsen
muss. Und wenn sie dann wahr werden, verändern sie alles."
– Unbekannt

„Ein guter Lehrer zeigt dir den Weg, aber gehen musst du ihn
selbst."
– Chinesisches Sprichwort

„Manchmal müssen wir loslassen, um Platz für das zu schaffen, was wirklich zu uns passt."
– Unbekannt

„Manchmal ist nicht der Sturz das Schlimmste – sondern das,
was er in uns auslöst."
– Unbekannt

„Manche Pferde wählen uns – und nicht umgekehrt."
– Unbekannt

„Nicht jedes Pferd passt in jede Haltung – aber jedes Pferd
verdient einen Platz, an dem es aufatmen kann."
– M.W.

„Nicht der Wind, sondern das Segel bestimmt die Richtung."
– Chinesisches Sprichwort

„Und plötzlich weißt du: Es ist Zeit, etwas Neues zu beginnen
und dem Zauber des Anfangs zu vertrauen."
– Zugeschrieben Meister Eckhart

„Manchmal beginnt Veränderung nicht mit einem Plan – sondern mit einem Gefühl."
– M.W.

„Veränderung beginnt in dem Moment, in dem du bereit bist,
dich selbst zu sehen."
– Unbekannt

🙏 Danksagung

Dieses Buch wäre nie entstanden, wenn nicht so viele wunderbare Wesen – auf zwei und vier Beinen – meinen Weg gekreuzt hätten.

Ich danke all den Pferden, die mir in den vergangenen 40 Jahren begegnet sind. Sie waren meine ehrlichsten Lehrer, meine Spiegel, meine Wegbegleiter. Jeder einzelne hat mir etwas gezeigt – über sich, über mich, über das Leben.

Ein besonderer Dank gilt meiner Familie, die mich in all meinen Entscheidungen unterstützt hat – auch wenn sie nicht immer einfach waren. Danke, dass ihr an mich glaubt und mir den Rücken stärkt – damals wie heute.

Meinen Freundinnen und Weggefährten danke ich für inspirierende Gespräche, offene Herzen und eure Bereitschaft, auch neue Wege mit mir zu gehen. Eure Ermutigung hat mir geholfen, meine Erfahrungen in Worte zu fassen und zu teilen.

Und nicht zuletzt danke ich all den Kindern, Jugendlichen und Erwachsenen, mit denen ich in der pferdegestützten Arbeit so viele berührende Momente erleben durfte. Ihr habt mich gelehrt, wie tief Verbindung wirklich gehen kann – und wie viel Heilung in einer offenen Begegnung liegt.

Dieses Buch ist nicht nur mein Werk – es ist ein Mosaik aus allem, was mir das Leben mit Pferden geschenkt hat. Danke, dass ich es mit euch teilen darf.

✤ Über die Autorin

Manuela Weichselbaumer lebt mit ihrer Familie im östlichen Landkreis München und bringt über 40 Jahre Pferdeerfahrung mit. Schon als Kind spürte sie eine tiefe Verbindung zu Pferden – eine Verbindung, die ihr Leben bis heute prägt.

Nach vielen Jahren im Büro folgte sie schließlich ihrer inneren Stimme: Heute begleitet sie Menschen und Pferde auf dem Weg zu einer achtsamen, feinfühligen Beziehung. Als Reitpädagogin, Voltigiertrainerin, Bodenarbeits-Trainerin, Tierkommunikatorin und Reittherapeutin mit dem Schwerpunkt auf Frühchen-Förderung und Kindern mit Ängsten vereint sie Fachwissen, Empathie und Intuition.

Gemeinsam mit ihrer Tochter Selina führt sie den Pferdewohlhof – einen Ort, an dem Pferde artgerecht leben dürfen und Kinder wie Erwachsene in vertrauensvoller Atmosphäre reiten, voltigieren und wachsen können.

Dieses Buch ist ihr Herzensprojekt – eine ehrliche, berührende Reise durch vier Jahrzehnte Pferdezeit. Es lädt dazu ein, innezuhalten, neu hinzuschauen und den Pferden (und sich selbst) vielleicht mit ganz neuen Augen zu begegnen.

♀ Mehr über ihre Arbeit und aktuelle Angebote unter:

☞ **www.pferdewohlhof.de**

Folge uns auch auf Instagram:

☞ **@pferdewohlhof**

📖 Glossar

Für alle, die Pferde lieben – aber nicht mit jedem Fachbegriff vertraut sind
In diesem Buch erzähle ich von vielen Erfahrungen rund ums Reiten, Voltigieren, die Haltung und das Miteinander mit Pferden. Manche Begriffe sind für Pferdemenschen Alltagssprache – für andere vielleicht neu oder erklärungsbedürftig. Dieses kleine Glossar soll helfen, ein paar dieser Worte leichter einzuordnen.

A- und E-Dressur:
Turnierklassen im Dressursport. „E" steht für „Einsteiger" (leichte Anforderungen), „A" für „Anfänger mit fortgeschrittenem Können." Je höher der Buchstabe, desto anspruchsvoller die Lektionen und das Reitniveau.

Abteilung / Abteilungsreiten:
Reiten in der Gruppe – die Pferde laufen hintereinander, oft in Reitstunden oder bei Prüfungen. Der vorderste Reiter gibt das Tempo vor.

Anreiten:
Die behutsame Grundausbildung eines jungen Pferdes unter dem Sattel. Dabei gewöhnt sich das Pferd Schritt für Schritt an das Reitergewicht, an Zügel- und Schenkelhilfen sowie an die Grundgangarten.

Barhuf:
Ein Pferd ohne Hufeisen. Der Huf bleibt „naturbelassen", wird regelmäßig bearbeitet, trägt aber keinen Beschlag.

Beritt:
Die professionelle Ausbildung oder Korrektur eines Pferdes durch einen erfahrenen Reiter oder Trainer.

Bocksprung:
Ein plötzliches Springen mit nach oben geworfenem Hinterteil
– Ausdruck von Übermut, Unsicherheit oder manchmal auch
Unmut.

Bodenarbeit:
Arbeit mit dem Pferd vom Boden aus – zum Beispiel Führen,
Longieren, Gelassenheitstraining oder Freiarbeit. Fördert die
Kommunikation, das Vertrauen und die Beziehung.

Box / Boxenhaltung:
Ein Einzelstall für Pferde mit fester Begrenzung, meist mit Ein-
streu, in dem das Pferd steht, frisst und schläft. Viele Pferde leben in einer Kombination aus Box und täglichem Auslauf (Paddock oder Weide).

Dressur:
Reitdisziplin mit dem Ziel, das Pferd durch gymnastizierende
Übungen geschmeidig, losgelassen und fein reagierend auszubil-
den.

Fellpflege / Putzen:
Das tägliche Bürsten und Pflegen des Pferdes. Dient nicht nur
der Reinigung und Sichtung von eventuellen Verletzungen, sondern auch dem Beziehungsaufbau.

Fühlig / fühlig gehen:
Wenn ein Pferd empfindlich auf hartem oder steinigem Boden
reagiert – oft bei Barhufpferden ein Hinweis, dass etwas am Huf
nicht stimmt.

Führposition:
Die Position des Menschen beim Führen eines Pferdes. Je nach
Situation oder Ausbildungsziel wird bewusst zwischen verschie-
denen Positionen gewechselt.

Gangarten:
Die natürlichen Grundgangarten eines Pferdes sind Schritt,
Trab und Galopp.
– Schritt: langsam, viertaktig, gleichmäßig.
– Trab: schneller, zweitaktig mit diagonaler Fußfolge und
Schwebephase.
– Galopp: die schnellste Gangart, dreitaktig mit Schwebephase
– schwungvoll und kraftvoll.
Jede Gangart fordert den Reiter auf andere Weise und ist wichtig
für die Gymnastik, Balance und das feine Zusammenspiel mit
dem Pferd.
Gamaschen / Bandagen:
Beinschutz für Pferde während der Arbeit – schützt vor Verlet-
zungen oder dient zur Stabilisierung.

Halfter:
Ein Geschirr aus Gurt oder Leder, das über den Kopf des Pferdes gelegt wird, um es zu führen oder anzubinden.

Hilfen:
Alle körpersprachlichen oder physischen Signale des Reiters an
das Pferd – Zügel, Schenkel, Gewicht und Stimme. Sie bilden
die gemeinsame Sprache beim Reiten.

Hufschlagfiguren:
Vorgegebene Linien in der Reitbahn – z. B. Zirkel, ganze Bahn,
diagonale Linie. Helfen bei Struktur und Genauigkeit im Reiten.
Besonders wichtig im Unterricht und bei Reitabzeichenprüfun-
gen.

Koppel / Weide:
Grasfläche für Pferde zum täglichen Auslauf oder Fressen. Oft
auch „auf die Koppel bringen“ = rausstellen.

Longieren / Longe:

Das Pferd läuft im Kreis an einer langen Leine (Longe) um den Menschen herum – als Ausgleich, Gymnastizierung oder zur Ausbildung.

Offenstall:

Eine Haltung, bei der die Pferde in einer Herde mit ständigem Zugang zu Unterstand, Futter und Auslauf leben – möglichst naturnah und in Eigenverantwortung.

Paddock / Paddockbox:

Ein befestigter Auslauf am Stall oder an der Box, der das Pferd zusätzlich zur Box in Bewegung bringt. Paddockbox = Kombination aus Box mit angrenzendem Außenbereich.

Paddock Trail:

Eine Haltungsform, bei der verschiedene Funktionsbereiche (z. B. Futter, Wasser, Ruheplatz) über Wege verbunden sind – regt Pferde zu mehr Bewegung an.

Pferdeführerschein Umgang

Der Pferdeführerschein Umgang ist ein offizieller Nachweis der Deutschen Reiterlichen Vereinigung (FN) über sicheres und pferdegerechtes Verhalten im Umgang mit Pferden. Er vermittelt Grundlagen wie Führen, Pflege, Haltung und das Erkennen von Gefahren. Der Abschluss erfolgt über eine theoretische und praktische Prüfung und gilt oft als Voraussetzung für weitere Abzeichen im Pferdesport.

Reitabzeichen:

Offizielle Prüfungen im Reitsport mit Theorie, Dressur, Springen oder Bodenarbeit – gegliedert in verschiedene Stufen.

Reitpädagogik:

Pädagogische Begleitung mit dem Pferd – nicht leistungsorientiert, sondern auf Beziehung, Selbstvertrauen und Körperwahrnehmung ausgelegt. Ideal für Kinder.

Reittherapie / tiergestützte Förderung:
Therapieform mit dem Pferd, bei der körperliche, seelische oder
soziale Entwicklung gefördert wird – z. B. bei Ängsten, Ent-
wicklungsverzögerungen oder Traumata.

Sattel:
Der Sitz des Reiters auf dem Pferderücken – verteilt das Gewicht gleichmäßig und sollte optimal passen.

Sattelbaum:
Der stabile Innenteil eines Sattels, der dem Sattel seine Form
gibt und das Gewicht des Reiters gleichmäßig auf dem Pferderücken verteilt. Ein schlecht passender oder verrutschter Sattelbaum kann zu Druckstellen und Schmerzen führen – deshalb ist
eine regelmäßige Kontrolle wichtig.

Schenkelhilfe / Schenkel:
Der Druck oder die Einwirkung des Reiterbeins am Bauch des
Pferdes – wichtig für Tempo, Richtung und Seitengänge.

Springen / Parcours:
Eine Disziplin im Reitsport, bei der Pferd und Reiter Hindernisse überwinden. Der Parcours ist die festgelegte Hindernis-
folge.

Trense / Schabracke:
Trense: Zaumzeug mit Gebiss zur Lenkung.
Schabracke: Unterlage zwischen Pferderücken und Sattel, oft
farbig und gepolstert.

Turnier / Turnierkleidung:
Ein Reitwettbewerb mit festen Regeln und Bewertung. Rei-
ter:innen tragen dabei formelle Kleidung (z. B. Jackett, weiße
Hose, Helm). Turniere gibt es in vielen Disziplinen – vom Voltigieren bis zur Dressur.

Voltigieren:
Turnen auf dem Pferd – meist in der Gruppe, im Schritt, Trab oder Galopp. Fördert Gleichgewicht, Vertrauen und Bewegungsfreude. Besonders für Kinder ein spielerischer Zugang zum Pferd.

WBO:
Abkürzung für „Wettbewerbsordnung Breitensport." Regelt Turniere im Freizeitbereich – z. B. Reitabzeichen, Geländewettbewerbe oder Voltigierprüfungen.

Zügelhilfe / Zügel:
Die Verbindung zwischen Reiterhand und Pferdemaul. Über die Zügel werden feine Signale zum Anhalten, Lenken oder Nachgeben gegeben – immer in Kombination mit anderen Hilfen.